湖北省科技计划项目（科技支撑计划软科学研究类）：
企业自助服务技术管理对策的创新研究（2015BKF102）

在线评论情感倾向的成因及影响研究

李亚红 ◎ 著

中国社会科学出版社

图书在版编目(CIP)数据

在线评论情感倾向的成因及影响研究/李亚红著. —北京：中国社会科学出版社，2020.12
ISBN 978-7-5203-7540-5

Ⅰ.①在… Ⅱ.①李… Ⅲ.①消费心理学—研究 Ⅳ.①F713.55

中国版本图书馆 CIP 数据核字(2020)第 237843 号

出 版 人	赵剑英	
责任编辑	王 曦	
责任校对	李斯佳	
责任印制	戴 宽	
出 版	中国社会科学出版社	
社 址	北京鼓楼西大街甲 158 号	
邮 编	100720	
网 址	http://www.csspw.cn	
发 行 部	010-84083685	
门 市 部	010-84029450	
经 销	新华书店及其他书店	
印刷装订	北京君升印刷有限公司	
版 次	2020 年 12 月第 1 版	
印 次	2020 年 12 月第 1 次印刷	
开 本	710×1000 1/16	
印 张	15	
插 页	2	
字 数	205 千字	
定 价	88.00 元	

凡购买中国社会科学出版社图书，如有质量问题请与本社营销中心联系调换
电话：010-84083683
版权所有　侵权必究

摘　　要

　　网络为消费者在线购物和分享购物体验提供了更方便、更快捷的环境。随着网络购物的快速发展，在线评论越来越受到关注，在线评论已成为影响消费者购买决策的首要因素。在线评论既可以提高消费者对在线零售商的评价，也可以降低在线零售商的声誉。以往研究对在线评论与消费者购买行为之间的关系进行了广泛的探索，但对在线评论的产生机制及其影响因素的研究甚少。本书采用文本分析法和问卷调查法，系统研究了在线评论情感倾向构成体系及其与在线评论内容结构的关联；分析了行为动机、满意度、物质主义价值观和马基雅维利主义人格等因素对在线评论情感倾向的影响，并在计划行为理论基础上探讨了在线评论情感倾向对后续评论决策的影响。通过以上研究，本书得出以下主要结论。

　　（1）在线评论情感倾向包括积极情感和消极情感两个维度。积极情感主要指消费者在评论中表达的"满意""喜欢""满足""愉快""兴奋""平静"和"期待"等情感；消极情感主要指消费者在评论中表达的"失望""愤怒""后悔""厌烦""悲伤""郁闷"和"遗憾"等情感。研究结果表明，在线评论情感倾向的二维结构具有良好的信度和效度。以此模型为基础进行在线评论情感倾向分析，可以更加有效地挖掘文本信息。

　　（2）在线评论内容是评论中认知的一面，消费者主要关注产品核心价值、服务效率、促销让利和外观感知四个评论内容要素。产品核心价值包括产品质量、性能、性价比以及产品满足消费者需要的程度等；服务效率包括售后服务的便捷性、客服和快递人员的服务质量等；促销让利包括在线零售商提供的赠品、优惠券、折扣、与实体店的价格差等；外观感知包括产品包装、外形和品牌感知等。进一步检验结果表明，在线评论内容的四因素结构具有良好的信度和效度。该研究结果提示，在营销过程中，在线零售商应将产品和服务的质量作为首要因素，通过售前沟通等方式了解消费者需求，使产品或服务更好地满足消费者的需求。

（3）消费者对评论内容各要素的关注度影响在线评论情感倾向。在控制了消费者满意度和人口统计学变量的前提下，对产品核心价值、外观感知和服务效率的关注度显著正向预测在线评论的积极情感；产品核心价值关注度显著负向预测在线评论的消极情感；消费者对促销让利的关注度显著正向预测在线评论的消极情感。由此可见，促销让利并不能有效地激励消费者发表"好评"、减少"差评"，产品和服务质量才是在线营销应该关注的重点。

（4）评论动机在满意度与在线评论情感倾向的关系中起调节作用。满意度显著正向预测在线评论的积极情感，显著负向预测消极情感。在线评论动机中，情感分享动机对满意度和积极情感之间的关系有增强作用，自我提升动机对满意度和消极情感之间的关系有增强作用。因此，在线零售商在评论管理中应重视激发消费者在线分享情感动机，谨慎对待消费者的高自我提升动机。

（5）物质主义价值观、马基雅维利主义人格均可以负向预测满意度，满意度又可以进一步预测在线评论的情感倾向。满意度在物质主义价值观与积极情感之间起完全中介作用，在物质主义价值观与消极情感之间起部分中介作用。满意度在马基雅维利主义人格与积极情感之间起部分中介作用，在马基雅维利主义人格与消极情感之间起完全中介作用。该结果提示，在线零售商应重视做好消费者个体（社会和心理）特征的细分工作。

（6）不同性别被试在共情上存在显著性差异，在线评论情感倾向和消费者满意度上不存在显著性差异。满意度与在线评论积极情感存在显著的正相关；满意度与共情总分不存在显著性相关。共情在消费满意度与在线评论消极情感之间存在调节作用。

（7）已有评论经验影响消费者后续评论意愿。基于计划行为理论的研究发现，在线评论的情感倾向对在线评论行为的态度、主观规范和感知行为控制产生影响，进而影响消费者在线评论意愿。在线评论的积极情感显著正向预测后续评论意愿，在线评论的消极情感显著负向预测后续评论意愿。消费者对在线评论行为的态度、主观规范和感知行为控制在评论的积极情感和后续评论意愿间起完全中介作用，其中，感知行为控制的中介作用最强。另外，感知行为控制在评论消极情感和后续评论意愿间起完全中介作用。

（8）在线评论数量和情感倾向能影响消费者的购买意愿，在线评论数量对购买意愿的影响中社会排斥的调节作用不显著，在线评论情感倾向对购买意愿的影响中社会排斥的调节作用显著。因此，应从消费者、电商、市场等方面提出改进建议，为消费者在线购物及电商在线服务提供更多可利用的信息，引导网络购物消费市场的绿色健康发展。

（9）在购买意愿上，评论数量的主效应显著，评论数量很多显著高于评论数量很少。好评率的主效应显著，好评率高显著高于好评率没那么高。评论数量与好评率之间的交互作用显著，在评论数量很少的情况下，好评率高和好评率没那么高对消费者购买意愿的影响区别不大；而在评论数量很多的情况下，好评率高和好评率没那么高对消费者购买意愿的影响有很大区别，其中评论数量很多和好评率高的情况下消费者的购买意愿最强。自我接纳在好评率对购买意愿上的调节作用显著，但其在评论数量对购买意愿上的调节作用不显著。

Abstract

Network provides a more convenient and fast environment for consumers to shop online and share their shopping experience. With the rapid development of online shopping, increasingly importance has been attached to online reviews. Online reviews become the important factors that affect consumers' purchasing decisions. Online reviews can significantly improve consumer evaluation of online retailers, and also can harm reputation of online retailers. The relationship between online reviews and consumer purchasing behavior has been widely studied. However, little field research has been carried out on the generation mechanism and influencing factors of online reviews. Using text analysis and questionnaire survey methods, we explore the structure of sentimental orientation and its relationship with content attribute in online reviews. Then, this thesis analyzes the influence of motivational factors, satisfaction, materialism values and machiavellianism personality on sentimental orientation in online reviews. Based on theory of planned behavior, this paper investigates the influence of existing experience on the decision of subsequent online reviews. Through the above research work, the main conclusions are reached as following:

(1) The sentimental orientation of online reviews has two dimensional

structure of mood, including positive sentimental orientation and negative sentimental orientation. Positive sentimental orientation mainly refers to the consumer expressions in online reviews, such as "satisfactory", "love", "content", "pleasant", "excited", "calm" and "expect". Negative sentimental orientation mainly refers to the consumer expressions in online reviews, such as "disappointed", "angry", "regret", "boring", "sad", "depressing" and "regret". Our results show that two-dimensional structure of sentimental orientation in online reviews has good reliability and validity. Based on this model, text analysis gains access to effective text information of online reviews.

(2) The content of online reviews is the rational side of comments. Consumers focus on the core value of product, service efficiency, promotions and benefits, and appearance perception in online reviews. The core value of product includes product quality and performance, cost performance, and the extent of consumer demand. Service efficiency includes convenience of after-sales service, service quality of customer service and courier. Promotions and benefits includes promotion methods, such as gifts and coupons, discount and the price difference between online and offline store. Appearance perception includes product packaging, shape perception and brand awareness. Further test results indicate that the four factors structure of online reviews content has good reliability and validity. In the process of marketing, the quality of the goods and services should be viewed as the primary factor for online shopping. Online retailers should understand the needs of the consumers in different ways, such as pre-sale communication.

(3) Consumer attention of content attribute affects the sentimental orientationof online reviews. After controlling for satisfaction and demographic variables, consumer attention of core value of product, appearance perception,

service efficiency have significant positive effect on positive sentimental orientation. Consumer attention of core value of product has a significant negative effect on negative sentimental orientation. Consumer attention of promotions and benefits has a significant positive effect on negative sentimental orientation. These conclusions suggest that promotions and benefits can't effectively motivate consumers make positive reviews and reduce negative reviews. Quality of products and services is the foundation of the online marketing.

(4) Online reviews motivation plays a moderating role in the relationship between satisfaction and sentimental orientation. Satisfaction of online shopping has a significant positive effect on positive sentimental orientation and a significant negative effect on negative sentimental orientation. Among online reviews motivations, sharing feelings has an enhanced effect on the relationship between satisfaction and positive sentimental orientation. Self enhancement has an enhanced effect on the relationship between satisfaction and negative sentimental orientation. In management of online reviews, money and material rewards have certain effect on consumer positive sentimental orientation. Meanwhile, it's better to encourage consumers to sharing feelings in online reviews.

(5) Materialism values and machiavellianism personality have significant negative effects on the satisfaction of online shopping. Satisfaction of online shopping has a significant effect on sentimental orientation of online reviews. Satisfaction plays a complete role in the relationship between materialism values and positive sentimental orientation, and plays a partial role in the relationship between materialism values and negative sentimental orientation. Satisfaction plays a partial role in the relationship between machiavellianism personality and positive sentimental orientation, and plays a complete role in the relationship between machiavellianism personality and negative senti-

mental orientation. These results suggest that it is important for online retailers to make consumer social and psychological character segmentation.

(6) There is a significant difference in empathy among different genders, and there is no significant difference in online commentary emotional inclination and consumer satisfaction. There was a significant positive correlation between satisfaction and positive online commentary. There was no significant correlation between satisfaction and empathy. Empathy has the regulating effect between consumer satisfaction and negative semtimental orientation.

(7) Existing experience has an impact on the intention of subsequent online reviews. Based on the theory of planned behavior, sentimental orientation of online reviews has influence on behavioral attitudes, subjective norms and perceived behavioral control, which affects intention of online reviews. Positive sentimental orientation of online reviews has a significant positive effect on subsequent review intention, and negative sentimental orientation of online reviews has a significant negative effect on subsequent review intention. Behavioral attitudes, subjective norms and perceived behavioral control play complete roles in the relationship between positive sentimental orientation and subsequent review intention, and perceived behavioral control has the strongest mediating effect. On the other way, perceived behavioral control plays a complete role in the relationship between negative sentimental orientation and subsequent review intention.

(8) The number of online reviews and emotional tendencies can significantly influence consumers' purchase intention, social exclusion has no moderating effect between the number of online reviews and purchase intention. Social exclusion has the moderating effect between emotional tendencies and purchase intention. It puts forward research and improvement suggestions from consumers, e-commerce and market. It provides more available informa-

tion for consumers online shopping and e-commerce online services, and guide the green and healthy development of shopping consumer market.

(9) In the purchase intention, the main effect of the total number of comments is significant, and the number of total comments is significantly higher than the total number of comments is small. The main effect of favorable rates is significant, and the rate of praise is significantly higher than the positive feedback rate is not so high. The interaction between the total number of reviews and the positive rate is significant. Under the condition that the total number of reviews is very small, the rate of favorable reviews and the low rate of positive feedback are not so different from the influence of consumers' purchase intentions. In the case of a large number of reviews, the high praise rate and low praise rate have a great influence on the consumers' purchase intention. Among them, the total number of reviews and the favorable rate are very high. Self-acceptance has the significant regulatory effect between favorable ratings and purchase intention, but has no significant vegulatory effect between the total number of reviews and purchase intention.

目 录

引言 ·· (1)

第一章 文献综述 ·· (1)
第一节 在线评论 ·· (1)
第二节 在线评论的情感分析 ······································ (10)
第三节 动机与在线评论 ·· (16)
第四节 满意度与在线评论 ·· (21)
第五节 个体特征与在线评论 ······································ (23)
第六节 消费者在线评论产生机制 ·································· (30)
第七节 在线评论对购买意愿的影响 ································ (32)

第二章 问题的提出与研究意义 ·· (37)
第一节 问题的提出 ·· (37)
第二节 研究意义 ·· (44)
第三节 研究方法与总体设计 ······································ (47)

第三章 在线评论情感属性构成维度研究 ································ (48)
第一节 子研究1 在线评论情感倾向和内容结构
　　　　　　　文本分析 ·· (48)

第二节　子研究 2　在线评论情感倾向及内容结构
　　　　　　　　问卷编制 ································(58)

第四章　在线评论情感倾向影响因素研究 ················(68)
　第一节　子研究 3　在线评论情感倾向与内容结构的关系 ·····(68)
　第二节　子研究 4　满意度与在线评论情感倾向：评论动机的
　　　　　　　　调节作用 ······························(72)
　第三节　子研究 5　物质主义价值观、马基雅维利主义人格与
　　　　　　　　评论情感倾向：满意度的中介作用 ············(87)
　第四节　子研究 6　消费者满意度对在线评论情感倾向的
　　　　　　　　影响：共情的调节作用 ·······················(99)

第五章　在线评论情感倾向对后续评论意愿的影响机制 ····(113)
　第一节　子研究 7　在线评论情感倾向对后续评论
　　　　　　　　意愿的影响 ····························(113)
　第二节　小结 ··(122)

第六章　在线评论对购买意愿的影响机制 ·················(125)
　第一节　子研究 8　在线评论、社会排斥和消费者购买
　　　　　　　　意愿的关系 ····························(125)
　第二节　子研究 9　在线评论对消费者购买意愿的
　　　　　　　　影响：自我接纳的调节作用 ················(140)

第七章　总体讨论、创新与展望 ························(154)
　第一节　讨论 ··(154)
　第二节　创新与研究展望 ·································(162)

附录 ·· (165)
    附录1 在线评论文本分析表 ································· (165)
    附录2 在线评论基本情况调查表 ···························· (166)
    附录3 消费者在线评论情感倾向问卷 ······················ (168)
    附录4 消费者在线评论内容结构问卷 ······················ (168)
    附录5 消费者在线评论动机问卷 ···························· (169)
    附录6 在线评论态度、主观规范和感知行为控制问卷 ········ (171)
    附录7 马基雅维利主义人格量表(Mach-Ⅳ Scale) ············· (172)
    附录8 物质主义价值观量表(Material Values Scale) ·········· (173)
    附录9 《人际反应指针》(中文版) ··························· (174)
    附录10 购买意愿量表 ··· (176)
    附录11 社会排斥量表 ··· (176)
    附录12 自我接纳量表 ··· (178)
    附录13 Marlowe-Crowne 社会称许量表简版 ················· (179)
    附录14 个人基本信息调查表 ································ (179)

参考文献 ··· (181)

引　言

消费者在线评论（Online Consumer Review）是消费者依托互联网媒介以文本方式对产品或服务做出的评价，已成为在线口碑最重要的表现形式。

在线评论是影响消费者在线购物决策的首要因素。eMarketer（2013）报告的数据显示，在做出购买决策前有92%的在线购物者会看相关的在线评论，67%的在线购物行为是消费者依据已有评论做出选择的结果。中国互联网络信息中心（CNNIC）《2015年中国网络购物市场研究报告》的数据显示，中国市场上，在网购决策前77.5%的网购者会看产品或服务的在线评论。由此可见，在线评论在消费者在线购买决策中发挥着极其重要的作用。这也是本书选择在线评论开展研究的重大现实背景。

从信息传播特征看，在线评论包含的信息同时体现出感性和理性的特点，也就是信息既具有认知特征，也具有情感特征（Yap，Soetarto，& Sweeney，2013）。认知特征是在线评论信息中的理性部分，主要指产品或服务的内容特征；情感特征是在线评论信息中的感性部分，主要指在线评论的强度、深度、生动性、语言风格和涉入度等带有情感色彩的信息。情感特征反映了评论者对特定商品或服务的情感倾向，而这种情感倾向是基于既往经验所形成的，其生成过程本身就蕴含了特定的认知规律。更重要的是，这种内生的情感倾向在个体网购决策形成过程中发挥重要的作用，这也是理论研究者和网售商家高度关注在线评论的根本原因。因此，相比较而言，针对在线评论的实证研究更多聚焦于在线评论的情感特征方面。

当前，在线评论情感特征研究主要围绕在线评论情感极性（Sentiment Polarity Analysis）问题而展开，研究者设计出多种判断在线评论文本情感极性的方法。例如，国内学者王洪伟等（2013）发现可以基于细粒度或粗粒度对在线评论的情感极性进行分类。但是，既往这一领域的研究均基于在线评论情感构成的单维性模型，Thornton（2011）称之为单维结构理论模型。随着研究者对在线评论情感特征的实证研究，单维结构理论的局限性变得越来越明显，难以解释在线评论文本同时具有双重情感倾向的现象。

态度和情感的二维结构理论可以更有效地解释在线评论情感倾向。例如，态度的两维结构模型显示，态度包含积极和消极两种成分，个体对同一对象的积极态度和消极态度同步存在、相互独立（Crowley & Hoyer, 1994）。情感双系统理论（Dual-system Theory）认为，在个体决策过程中，产生积极情感和消极情感的系统是截然不同的（Tomarken, Davidson, Wheeler, & Doss, 1992；Cacioppo & Berntson, 1999）。积极、消极情感模型认为积极情感、消极情感是两个相对独立的、基本的维度（Watson & Tellegen, 1985）。

由此可见，在线评论的情感倾向可能由二维结构构成。那么，消费者在线评论情感倾向究竟是否包含积极情感和消极情感两个维度呢？如何测量在线评论的情感倾向？情感倾向与在线评论内容结构又有何关联呢？这些问题都还有待解答。

探究在线评论情感倾向的影响因素是揭示在线评论情感倾向生成机制的重要内容。由于在线评论是消费者基于刚刚完成的消费经历而做出的信息反馈，因此评论者消费体验的自我满意评价在很大程度上将直接决定在线评论的情感倾向。满意度是个体在购买后对其消费活动的结果和体验进行的主观评价，反映出消费者的偏好性（Brown & Buys，2005）。期望不一致理论（Oliver & Desarbo，1988）认为，消费者感知到的产品或服务质量与期望一致或更好时，就会感到满意；反之，当感知到的产品或服务质量低于期望时，就会感到不满意。消费者购买后感受到情绪不平衡，很可能通过发表评论等行为，从而使其情绪不平衡水平得以明显降低。消费者满意度与正面口碑传播和抱怨之间的关系已经在线下环境中得到有效验证（Wangenheim & Bayón，2007；Zeelenberg & Pieters，2004）。但已有研究均以情感的单维结构模型为基础，二维结构模型中满意度是否同时对积极情感和消极情感产生作用，还有待研究。

另外，即使不同个体对既往消费经验产生了同样的满意程度，但由于在线评论动机以及物质主义价值观、马基雅维利主义人格等个体属性特征的差异，其后续的在线评论情感倾向也可能会有所不同。动机是揭示口碑生成机制的重要变量。Hennig-Thurau、Gwinner、Walsh 和 Gremler（2004）对口碑动机进行了系统的分类，并且开发出了八种口碑传播动机的测量问卷。随着在线口碑影响力的不断增强，对口碑动机的研究从传统线下情境发展到对在线口碑动机的探索。国内学者阎俊、蒋音波、常亚平（2011）发现消费者参与产品讨论社区行为主要由七种不同的动机激发。那么，在线评论情感倾向与评论者的动机有怎样的关联呢？这有待于进一步的研究。

物质主义价值观强调拥有物质财富对于个人生活的重要性，但同时物质主义价值观也降低个体的快乐体验，在消费过程中亦是如此。Richins（2013）分析了物质主义价值观与购买情绪（Consumption Emotion）之间的关系，结果表明，较高水平物质主义价值观的消费者在购买后往往会感受到沮丧、失望、后悔等消极情绪，而愉快、满意等积极情绪水平则与购买前相比也显著下降。物质主义价值观与积极情感、消极情感及生活满意度之间的关系也得到了验证（谢晓东等，2013）。在网络购物活动中，物质主义水平对在线评论的情感倾向会产生影响吗？这也是本研究要解答的问题。

马基雅维利主义人格是指操纵他人、不择手段获取利益的人格特质。马基雅维利主义者为了达到自己的目的而欺骗他人，同时伴随着道德漠视和强烈的控制欲，在工作和生活中难以使自己满意，因而容易感受到消极的情绪、难以体验到快乐。那么，马基雅维利主义人格是否影响消费者在线评论中表达的情感倾向呢？这需要进一步的研究来证实。

共情也叫作同理心，是指对其他需要帮助的人有同情和关心的情感体验，不但体现在对他人情感、心境的认知上，还表现出设身处地为他人着想的"推己及人"的优秀品质（郑晓莹等，2015；秦启文等，2001）。由此引出一个问题，与低同理心的消费者相比，高同理心的消费者在购买后是否希望能够用自己的经验去帮助其他消费者呢？这是本研究尝试去探索的问题。

此外，大量基于计划行为理论的研究成果显示，既往行为经验是影响后续行为意愿的重要原因（例如，赵宝春，2012）。在线评论中，已经提交的在线评论所包含的情感倾向反映了评论者对过去行为过程和结果的总结和反思，这是经验信息的重要构成内容。因此，有理由相信，在线评论情感倾向对消费者后续评论意愿也会产生影响，从这个角度开展研究也是揭示在线评论产生机制的重要视角。

在线评论作为网络口碑的一种重要形式，对消费者购买意愿及品牌认知和产品评价等方面有重要作用。社会排斥与购买意愿及消费行为的研究可以被归纳为三类：为促进关系而产生的购买意愿及消费行为，社会排斥引起的自我挫败购买意愿及消费行为，规避风险的逐利购买意愿及消费行为（王静等，2017）。同时，自尊是影响消费者决策的一个重要变量，低自尊者更倾向于风险规避，高等、中等自尊水平的被试更倾向冒险（乔纳森等，2004；陈蒂等，2006）。自我接纳是自尊的一个组成部分。因此，需要研究证实，社会排斥、自我接纳能否作为调节变量分别影响在线评论与购买意愿的关系。

为了回答以上问题，本书将重点探讨以下内容。

（1）在线评论情感倾向构成维度研究。通过文本分析，提炼在线评论情感倾向和评论内容结构的构成维度，并在此基础上开发在线评论情感倾向和内容结构测量工具，为后续研究提供铺垫。

（2）在线评论情感倾向影响因素研究。基于文献分析，选取评论内容、满意度、评论动机、共情等与在线评论生成过程密切相关的心理变量，以及物质主义价值观、马基雅维利主义人格等反映评论者个体属性特征的变量，通过实证研究系统探讨这些影响因素对在线评论情感倾向的影响。

（3）在线评论情感倾向对后续评论意愿的影响。利用计划行为理论的基本框架，系统探讨在线评论情感倾向在消费者后续评论意愿形成中所发挥的作用，并且揭示其心理作用路径，从一个全新的视角进一步揭示在线评论的产生机制。

（4）在线评论情感倾向对消费者购买意愿的影响。通过情景模拟实验设计、问卷调查等方式重点探讨在线评论情感倾向如何影响消费者的购买意愿，以及与社会排斥、自我接纳变量之间的关系。从消费者、电商、市场等方面提出建议，引导网络购物消费市场的绿色健康发展。

第一章 文献综述

第一节 在线评论

一 在线评论的界定

目前,对消费者在线评论(Online Consumer Reviews)的研究主要来自营销学、信息管理学、心理学和传播学等领域。学术研究中有多种与消费者在线评论相近的概念,例如电子口碑(Electronic Word of Mouth)、在线口碑(Online Word of Mouth)、在线产品评论(Online Product Reviews)、在线推荐(Online Recommendations)和在线反馈机制(Online Feedback Mechanisms)等。

学者采用以上概念来概括网络购物背景下基于互联网的沟通方式,但各概念的内涵和外延存在差异。其中,消费者在线评论是电商平台上的一种代表性的电子口碑,为消费者在线购买决策提供信息,对在线购买决策的重要作用已经得到众多研究的验证(武鹏飞、闫强,2015)。电子口碑这一概念的提出是对传统口碑传播模式的一种颠覆。电子口碑具有波及范围广、传播速度快、时空超越性强、信息储存量大和沟通成本低等特点,可以影响购买者的决策过程,甚至关系企业的市场竞争成败(Tanimoto & Fujii, 2003)。因此,为了能清晰地界定消费者在线评论，有必要首先厘清什么是电子口碑。

（一）电子口碑的定义

相关学者将电子口碑视为信息传播过程，从主体、受众、传播媒介、传播内容等角度提出电子口碑的概念。Gelb 和 Johnson（1995）提出，电子口碑是通过网络进行的口碑传播，是信息的沟通和交换形式。Newman（2003）指出，电子口碑是两个或两个以上的消费者通过在线论坛、聊天室等互联网媒介进行的文本交换方式，是消费者将自己与产品或企业间积极或消极的经历传播给其他消费者的行为。Hennig-Thurau、Gwinner、Walsh 和 Gremler（2004）认为，电子口碑是所有潜在的、当前的或以往的消费者应用网络对某个产品或公司发表正面或负面的陈述，大量的人和组织可以通过网络接收到这些观点。Thorson 和 Rodgers（2006）指出，电子口碑是一种通过互联网传播的对产品、企业或媒体积极或消极的陈述。Litvin、Goldsmith 和 Pan（2008）在前人研究的基础上对电子口碑的概念进行了新的界定，认为电子口碑包括所有以互联网技术为基础的、针对消费者的非正式沟通，沟通的内容主要与特定产品或服务的使用、特征和销售者有关。依据该定义，电子口碑既包括生产商与消费者之间的沟通，也包括消费者与消费者之间的沟通。

随着信息技术的快速发展和互联网的广泛应用，电子口碑的传播媒介呈现出多元化的发展趋势。Schindler 和 Bickart（2005）按照信息传播的范围，将电子口碑的传播媒介分为七种：张贴评论（包括消费者在电商网站、专门用于消费者发表评论的商业网站、个人主页以及"报复"网站等）、邮袋（包括发布在生产商、经销商、杂志和新闻组织网站上的顾客评论和阅读者的反馈）、讨论论坛（包括公告、新闻组和正在进行的专题讨论）、邮件群发、个人邮件、聊天室、即时通信。已有研究中涉及的电子口碑传播媒介主要包括以下五种类型：网络论坛（Andreassen & Streukens，2009）、新闻组（Godes & Mayzlin，2004）、产品评论（Tirunillai & Tellis，2012）、博客（Dhar & Chang，2009）、社交网站（Trusov，Bucklin，& Pauwels，2009）。

Litvin、Goldsmith 和 Pan（2008）认为，可以从交流的即时性与交流范围两个维度对电子口碑的传播媒介进行区分（如图 1-1 所示）。其中，交流同步的有新闻组、聊天室和即时信息；交流不同步的有博客和虚拟社区、产品评论网站和仇恨网站、邮件等。在交流范围上，博客和虚拟社区、新闻组是多对多交流，产品评论网站和仇恨网站、聊天室等属于一对多交流，邮件和即时信息则为消费者间一对一交流。

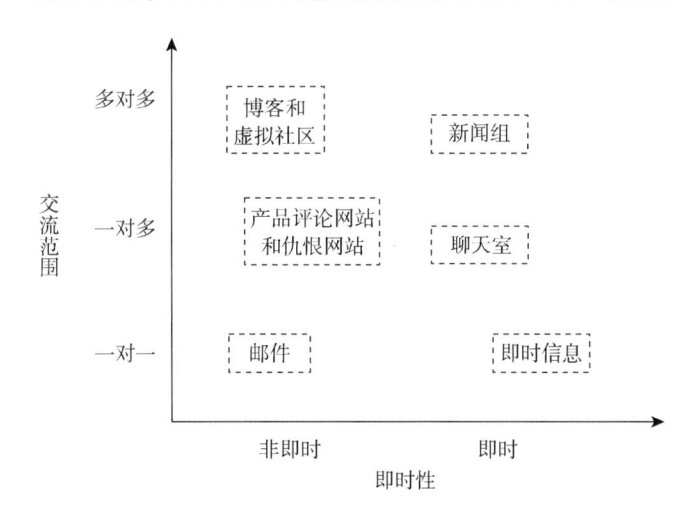

图 1-1　电子口碑的传播渠道

资料来源：Litvin, S. W., Goldsmith, R. E., & Pan, B., "Electronic Word-of-mouth in Hospitality and Tourism Management", *Tourism Management*, Vol.29, No.3, 2008, pp.458-468。

董大海和刘琰（2012）对电子口碑的概念内涵进行了深入分析，应用"属+种差"的形式逻辑概念定义方法分析了口碑与电子口碑的关系。电子口碑虽然具有口碑的要素，但在各要素的特征上与传统口碑有较大差异。电子口碑的行为主体包括消费者、商业机构和企业等，不同媒介沟通的互动性强弱程度不等。更重要的是，与口碑中排除商业成分的影响不同，商业成分也可能渗透到电子口碑传播中。

基于以上分析，可以归纳出电子口碑的六个主要特征。（1）电子口碑的本质是"沟通"，电子口碑是通过不同形式的大众传媒进行的信息传播。电子口碑既包括消费者与商家之间的沟通，也包括消费者与消费者之间的沟通。（2）电子口碑发布者以消费者为主，也可能存在商业成分参与。（3）电子口碑传播是一个主动的过程，可以是一对一的传播，也可以是一对多或多对多的传播。（4）电子口碑传播者与接受者之间的互动关系有强有弱。（5）电子口碑呈现文本海量存储形式，可以重复传播。（6）电子口碑内容多样化，既包括产品或服务相关信息，也包括消费者的主观体验。

（二）消费者在线评论

消费者在线评论也称为"消费者在线产品评论"（Chen，Wang，& Xie，2010）。从企业的角度来看，可以将消费者在线评论看作一种免费的营销工具，既是影响产品销售的重要变量，又是消费者购买后的结果之一。从顾客的角度来看，消费者在线评论有利于增强对品牌的质量感知、降低感知风险和搜寻信息的成本，买卖双方都可以从相互关系中长期获益。Hankin（2007）调查发现，44%的受访者会在购物前浏览网站上的在线评论内容，59%的受访者认为消费者在线评论比专家评论更具有参考价值。

但相关领域的研究者至今对消费者在线评论与在线评论两个概念之间的关系还没形成统一的认识。有学者（Casaló，Flavián，Guinalíu，& Ekinci，2015；宋晓晴、孙习祥，2015）认为，消费者在线评论与在线评论是同一概念，强调消费者在线评论是一种由消费者根据个体的购买和使用经验产生的与产品或服务相关的信息。但也有学者（Zhang，Ye，Law，& Li，2010）提出，在线评论既包括消费者发布的评论，也包括专业编辑发布的评论，因此消费者在线评论是在线评论这一概念下的子概念。Wu，Wu，Sun 和 Yang（2013）也赞同这种观点，并认为在线评论包括消费者在线产品评论（Online Product Reviews）和销售者在线评论（Online Seller Reviews）。

消费者在线评论是由消费者在网络购物后发表的评价。Mudambi 和 Schuff（2010）从信息发布渠道和行为主体的角度对消费者在线评论的概念进行了界定，认为消费者在线评论是消费者在企业网站或者第三方平台上发布的对特定商品或服务的评价。其中，零售网站是消费者发布产品评论的主要平台，评论的形式包括星级评价和开放式评论，评论的内容包括产品功能和客服体验。Bae 和 Lee（2011）认为，消费者在线评论属于消费者产生内容（User-Generated Content，UGC）的范畴，发布在线评论的主体是产品或服务的购买者、使用者和体验者。

消费者在不同的平台上发表评论，主要有两类。（1）零售商网站或生产商的销售平台网站。这类网站在线评论系统的主要目的是吸引消费者购买其网站产品，如京东、小米、华为等品牌销售网站。（2）第三方评论网站。这类平台仅提供评论发表平台，并不直接销售，网站的目的在于提供丰富的在线评论信息（常亚平、肖万福、覃伍、阎俊，2012），例如中国的豆瓣网和美国的 Zagat、Epinions、CNET 等网站。Chen 和 Xie（2005）指出，第三方平台上的评论主要来自消费者，但也有来自相关实验室或专家、品牌营销者等，主要对产品性能、特征、耐用性等各种属性进行评估与介绍。

由此可见，消费者在线评论是在线评论的一类，是由消费者通过电子商务网站或第三方平台对产品或服务做出的评价。与网站编辑、专家或实验室人员等发布的在线评论不同，消费者在线评论的内容是基于消费者自身经验，因而评论的信息常常受到个体品味偏好、使用情境等诸多因素的影响。

二　在线评论的结构和特征

（一）在线评论结构

消费者在线评价系统多种多样，没有统一的具体格式，但一般包括以下三个方面的内容。(1) 评分,即消费者用来表示自身体验的分数、等级或星级,评分方式能够减少消费者发布评论花费的时间和精力,简单明了地表明消费者态度,可以看作对文本评论内容的概括与总结(Tsang & Prendergast, 2009; Schlosser, 2011; 王泰英、闫强, 2013)。用户评分的形式有多种,如等级评分、点赞与抵制等。(2) 文本内容,即具体评论内容的文字陈述部分,其中包括消费者对产品或服务各属性的评论,也包括反映消费者评论的情感倾向或效价的评论(王伟、王洪伟, 2016)。(3) 图片,指消费者晒出的产品或自身体验的相关图片(陈正梁, 2015)。另外,零售网站采用的评价有单维和多维两种类型。其中,单维结构要求消费者对产品或服务进行总体评价,多维结构则要求消费者对产品和服务的多个属性分别进行评价。

用户评分虽然能反映出消费者对某种商品或服务质量与价值的总体感知,但仅通过评分无法提供与商品或服务特征和属性有关的信息。在线评论文本弥补了评分的不足,提供了更详细、完整、广泛的信息(Chevailier & Mayzlin, 2006)。有学者提出,消费者在线评论是消费者通过网络发表的以文本为主的评价(Bailey, 2005; 郭国庆等, 2010),消费者可以通过查阅评论文本内容来实现对商品和服务细节的感知。因此,与评分相比,在线评论文本引起了学者更多的关注。

自然语言文本可分为主观性文本和客观性文本,两者在内容和结构上有很大的不同。主观性文本是一种描述个人、组织或群体对事物、人物、特定事件的想法、情感和意见等非约束性文本。客观性文本主要以描述事实为主,多以第三人称陈述句对产品或服务的特征进行陈述,而不涉及个体的主观体验。消费者在线评论的文本是一种主观性文本(Esuli & Sebastiani, 2005; 刘全升等, 2008)。

消费者通过在线评论传递哪些信息?Zhang、Cheung 和 Lee (2014) 认为,消费者在线评论包括产品评论(Product Review)和用户推荐(Consumer Recommendation)。李慧颖(2013)指出,在线评论中也包括购买后消费者体验的相关信息,如感知产品质量、性价比以及对产品的总体评价等。也有学者认为,消费者在线评论包括产品评论和情感表达两方面的内容(Schindler & Bickart, 2012; Fang, Zhang, Bao, & Zhu, 2013)。

综上所述,消费者在线产品评论包括总体评分和文本信息两部分。文本信息内容既包括对产品的评价,也包括消费者的情感表达。对产品的评价既包括对产品和服务的总体评分,也包括对产品和服务质量、性价比等具体细节的评价。

(二) 在线评论特征

消费者在线产品评论是影响消费者购买决策和行为的重要信息来源,是消费者网络购物决策的首要影响因素。在线评论的产生受评论发布者的特征、平台类型等因素的影响。通过对已有研究的分析和总结可以发现,在线评论主要有以下四个特征。

第一,持久性和可观测性。消费者一旦发表了在线产品评论,该评论就会在公共网络上长期存在,任何有需要的人都可以随时查看(Dellarocas & Narayan, 2007)。与通过MSN、QQ、微信等渠道传播的电子口碑相比,零售网站上发表在线评论的消费者与信息接收者之间的人际关系较弱。与对产品和服务态度温和的人相比,持有极端观点的人更有可能发表在线评论,产生"报告偏差"(Under-reporting Biases)现象,这可能导致评论阅读者对产品和服务质量产生错误的估计(Hu, Zhang, Pavlou, & Paul, 2009)。由于较弱的人际关系和"报告偏差"现象的存在,消费者在零售商网站上发布的评论在词语、句型选择和情感表达上更为突出(Bowman & Narayandas, 2001)。Dellarocas 和 Narayan (2007) 的研究发现,已有评论会影响其他消费者发表在线产品评论的行为。因此,销售商往往会把对其有利的评价放在消费者最易看到的位置,从而影响后来顾客对其产品或服务的整体评价。

第二,匿名性和欺骗性。互联网是一个相对匿名的传播媒介(Ku,

Wei, & Hsiao, 2012), 在线购买同一产品的消费者之间相互匿名。有些商家可能会通过返现奖励等方法, 诱导消费者发表好评、避免差评, 也可能会雇佣"水军"发表虚假的在线评论, 但这些策略均有可能损害消费者对在线产品评论的信任。当销售商通过操纵消费者在线评论来获得较大利益时, 这种利己行为就会降低在线评论的可靠性和真实信息的含量 (Resnick, Kuwabara, Zeckhauser, & Friedman, 2000)。在线评论的真实性也引起了相关学者的关注, Mudambi 和 Schuff (2010) 提出, 由于发表评论者存在匿名性和可能的欺骗性, 商家应该重视评论的质量而非数量。因此, 有些网站 (如淘宝网等) 建立了有效的信誉评价机制, 可以对商家的产品和服务质量以及评论发布者进行信誉评价。引进这样的信誉评价机制, 对于减少商家的不良竞争以及消费者的有意虚假评价产生了一定的抑制作用。

第三, 等级性和效价性。在线购物平台 (如亚马逊、京东等) 通常会给出 1—5 或 1—7 的李克特量表让消费者进行填写, 但这样的等级设计并不能清晰地解释消费者对所购买产品和服务的观点 (Chevalier & Mayzlin, 2006)。效价性是指消费者写评论时给出的正面或负面评价的等级。目前, 已有大量研究探讨了效价对消费者购买意向的影响, 但其结果仍模棱两可。例如, 有研究发现, 效价和商品销量之间呈正比 (Chih, Wang, Hsu, & Huang, 2013; Li & Hitt, 2008)。与之相反, Cui、Lui 和 Guo (2012) 的研究发现, 当消费者对某种产品持中性观点时, 已有评论中的负面评论会比正面评论对其购买决策作用更加显著, 即存在"消极偏见"现象。究其原因, Chevalier 和 Mayzlin (2006) 的研究显示, 如果消费者已经选择好商品, 他们更加倾向于在已有评论中找到能支持自己选择的证据, 即存在"证实性偏差"现象。

第四, 广泛参与性。研究表明, 消费者参与是影响电商保持竞争优势以及顾客忠诚的关键因素之一 (Chih, Wang, Hsu, & Huang, 2013)。与其他渠道的电子口碑相比, 在零售商网站发表在线评论的各位消费者之间在专业和地理位置上都有较大的差异性（Valck，Bruggen，& Wierenga，2009）。购物网站为消费者提供了发布对产品和服务的体验、表达愤怒和不满的在线平台。同时，人们可以从其他消费者的评论中学习如何更好地购买、使用产品和服务。因此，通过发表在线评论实现的"商家—消费者—消费者"互动模式与传统的"商家—消费者"互动模式相比，可以更加有效地促进消费者的卷入水平（Yeh & Choi，2011）。

三 在线评论内容

由于在线评论对消费者决策和产品销量有显著作用，在线评论内容分析引起了相关领域学者的广泛关注（严建援、张丽、张蕾，2012；宋晓晴、孙习祥，2015；崔楠、张建、王菊卿，2014）。在线评论是基于产品或服务在线发表的个人意见，Kim 和 Hovy（2004）认为，意见包括持有者、主题、陈述和情感四个基本要素。四个要素之间彼此关联，意见是持有者针对特定主题发表的带有情感倾向的陈述。

早期研究中常把在线评论看作一个信息整体，分析评论内容中主要包括哪些要素。Granitz 和 Ward（1996）通过对一个论坛中的评论进行系统的内容分析，发现评论中最常见的内容有推荐、建议和解释等。Join、Grants 和 Listserv（1988）将消费者回忆的评论内容分为正面的个人体验、给出建议、产品信息和负面评论四类。Brockway、Mangold 和 Miller（1999）研究发现，评论内容有的只关注质量，有的仅关注价格，还有的只关注价值。Nguyen 和 Romaniuk（2014）采用文本分析法，以电视节目和电影为例将在线评论的主题主要分为四类：①产品/服务特征，包括演员、故事情节、制作方和所获奖项等信息（如"她的演技很好，但她不适合这个角色"）；②分布特征，指分销渠道和时间、购买时间和地点、便捷性等（如"为什么他们会在黄金时间放这么垃圾的节目"）；③分类比较，指与同类产品之间的比较（如"没有原来制作那么精良了"、"我觉得比＊＊好看"）；④购买/消费活动描述，主要指过去、现在或将来的购买意向（如"我现在正在看＊＊电影"）。Yi等（2003）提出，在线产品评论的主题是指产品的属性，包括产品名称、产品组成部分、产品特征和功能属性等。

消费者通过发表在线评论表达积极或消极的意见，因此在线评论中融合了消费者在消费过程中产生的对产品或服务的情感和态度。根据情感倾向，在线评论可以分为正面评论和负面评论。正面评论是对产品或服务给出积极评价的信息，对劝说其他消费者购买该产品或服务有正向作用。与之相反，负面评论给出产品或服务的负面信息，能够减少其他消费者购买该产品或服务的可能性。在实际评论行为中，消费者给出的正面评论比负面评论多，两者的比例大约是3∶1（East, Hammond, & Wright, 2007）。Kotler（1991）的研究指出，满意的顾客会将正面评论传给3个人，而不满意的消费者会将负面评论传给11个人。根据评论描述的文本类型不同，崔楠、张建和王菊卿（2014）将在线评论分为两类：以情感表达为中心的评价和以信息为中心的评价。情感性评论是指评论者在评论中体现出个人情感及主观判断；信息性评论是指评论者在评论中给出关于商品客观性描述，具有更多的认知成分。Schindler 和 Bickart（2012）将在线评论的文本内容分为两大类四小类，即产品评价类文本（正面评价、负面评价）和描述类文本（产品描述、评价者描述）。

第二节　在线评论的情感分析

一　消费情感的内涵

长期以来，许多学者对消费情感（Consumption Emotion）进行了界定，不同学者的观点存在一定的差异。Russell（1979）认为，以情绪分类为导向，消费情感可以被描述为不同类型的情绪体验或情绪表达（如开心、生气和害怕等）；以情绪的维度为导向，消费情感可以被描述为相对独立的维度，如愉快/不愉快、放松/活动、平静/兴奋等。Dubé和Menon（2000）指出，消费情感是一种情感状态，常伴随着使用或消费产品（服务）的过程而产生。消费情感是一个动态过程，在消费过程中消费者可能会体验到开心、兴奋、满意以及其他积极情绪，也可能会体验到失望、愤怒、悲伤、罪恶以及其他消极情绪。

研究者对积极情绪和消极情绪的关系也存在一些争议。Baker、Levy和Grewal（1992）提出，情绪是一个易变的、复杂的、抽象的变化过程，由于情绪具有两极性，积极情绪和消极情绪不可能同时存在，消费者的情感是两极中的一个固定点。也有研究认为，消费者在消费过程中可能会同时感受到积极情感和消极情感（Westbrook & Oliver, 1991）；消费情感有与其他情感同样的特征，因为消费者会同时感受到几种不同的情感，例如同时体验到害怕和兴奋等（Phillips & Baumgartner, 2002）。

情感、心境和心情一直被心理学家认为是影响人类行为的重要方面，三者均是环境与个体因素共同作用的结果。三者之间既有共性，也有各自的独特之处，并且常常有混用现象。

消费情感与心境。Clore、Ortony和Foss（1987）认为，消费情感与心境是两个不同的概念，心境是一种情绪状态，具有弥散性和长期性，不指向特定的行为，而消费情感是在特定情境下产生的、指向一定对象的、短暂而强烈的情绪体验，具有动机的作用。从这个角度来看，消费情感是消费者在购买产品或服务过程中产生的情感反应，是基于感知到的产品、服务特征以及获得消费价值而产生的情感（Richins, 1997）。人们可以通过语言、体态、面部表情等表达自己在消费过程中的情感体验，常用词语有"开心""生气""害怕"等（Jang & Namkung, 2009）。

消费情感与心情。消费情感是消费者对产品或服务消费体验产生的情绪反应。Oliver（1997）指出，心情是一种意识层面的情感反应，与认知领域的思维概念相反。心情包括开心/不开心、喜欢/不喜欢、幸福/不幸福以及神经——内分泌系统带来的感觉（如得意忘形等）。消费情感与心情相比，心情的认知成分相对较少。

二 消费情感与满意度的区别

顾客满意度是消费者的需要得到满足后的一种心理反应（韩小芸、汪纯孝，2003），是消费者购买后对产品或服务特征满足自己需要的程度进行判断的结果。Oliver（2000）采用期望不一致理论（Expectancy Disconfirmation Theory）解释了消费者满意度的形成机制。在购买过程中或购买之后，消费者根据自己的期望、需要、理想、感知的公平性以及其他的标准，对产品或服务进行评估。产品或服务的实际绩效越符合消费者的需要，消费者就感到越满意；相反，产品和服务的实际绩效越不符合消费者的需要，消费者就感到越不满意。

消费情感与顾客满意度容易混淆，目前对两概念间的关系尚未达成共识。有些学者认为，消费情感是影响顾客满意度的重要因素。例如Hunt（1977）指出，满意不是消费体验中的快乐，满意表达了"真实体验至少和预期的一样好"。Oliver 和 Swan（1989）认为，"高兴""满足"等情感是形成顾客满意的原型，但由于动机的作用，在同样的情感基础上，不同的消费者会形成不同的满意度。Dolen、Lemmink、Mattsson 和 Rhoen（2001）的研究表明，积极情感（如惊喜、愉快和满足）与满意度呈正相关，消极情感（如愤怒、失望等）与满意度呈负相关。Oliver（1997）的研究发现，当消费者对购买结果感到惊喜时，顾客满意度和再次购买意愿水平显著高于消费者仅仅感到愉快而无惊喜时。因此，消费体验不但要达到消费者期望，而且要使其感到惊喜，才能促进消费者的满意度。另一些学者提出，满意度与消费情感是上级概念与子概念的关系。例如，Nyer（1997）认为顾客满意度就是消费情感的一种，消费者在产品或服务消费过程中除产生满意度外，还会产生伤心、恼怒、愉快等多种情感反应。Westbrook（1987）指出，顾客满意度包括由先前购物体验带来的消费情感。

三 在线评论情感倾向分类与测量

在线评论情感倾向分类、情感分类和情感极性分类的研究在逐年增多。综合相关文献（王洪伟等，2012；王素格、杨安娜、李德玉，2009；张紫琼，2010）发现，情感倾向分类、情感分类和情感极性分类在内涵上是基本相同的，因此本书统一采用情感倾向分类来表述。

消费者在线产品评论的积极和消极情感倾向可以通过文本和评分的形式具体体现（Moe & Trusov, 2011; Sonnier, McAlister, & Rutz, 2011）。通过对在线评论文本的情感分析（Sentiment Analysis），可以了解消费者对该产品或服务的褒贬态度和意见。Nasukawa 和 Yi（2003）提出，可以从评论的四类信息中判断其情感倾向，四类信息分别是极性（积极、消极和中性），词性（形容词、副词、名词和动词），规范性的情感词，被情感词修饰的人或物。多项研究证实，在线评论的情感倾向会对评论有用性产生显著的影响（郝媛媛等，2009；宁连举、孙韩，2014；石文华、高羽、胡英雨，2015）。对于在线评论的情感倾向，已有研究主要从词语、语句和篇章三个层次进行分析（王洪伟等，2013；夏火松、松杨培、熊淦，2015；张紫琼、叶强、李一军，2010）。

已有研究对在线评论情感分析的视角不尽相同。有研究集中探讨了评论来源和风格（Tomokiyo & Jones, 2001）；有研究着眼于文本体裁的分析，如"编辑体"等（Karlgren & Cutting, 1994）；有研究关注评论中采用的语言风格及其与消费情感的关系等（Kronrod & Danziger, 2014），还有研究从语言心理学、计算机科学的角度，探索在线评论的情感分析,包括粗粒度的整体情感倾向,以及细粒度的对某一属性的情感倾向判断。例如,张瑞(2011)认为,在线评论中的词语表达了八大类情感,正面情感和负面情感各有四类,其中"满意、忠诚、偏好、欲望"为正面情感,"失望、怀疑、惊恐、厌恶"为负面情感。

不管采用何种词库和计算方法,情感倾向分类判断中最关键的是对词语的编码。传统意义上,情感倾向分析过程中的词语编码多以双极态度模型(Bipolar Attitude Model)为理论基础(Kaplan,1972),该模型假设态度是单维的,积极评价和消极评价是两极,中性评价在二者中间。单维模型隐含的假设是,正面评价和负面评价是同等的、相互拮抗的,两者可以相互转化(Kang, Yoo, & Han, 2009),当对某产品或服务的积极(消极)评价增加时,消极(积极)评价会下降。国内学者在研究中多采用该观点,将在线评论情感倾向分为正面/负面、赞同/反对、高兴/悲伤等(李实等,2010)。也有学者提出在正面、负面情感之外,还有中性情感(Pang, Lee et al., 2002)。

消费者在评论中表达的情感是非常复杂的,文本中常常体现出不同情感的混合。消费者对产品的一些特征是肯定的,同时对产品的有些特征是不满意的(王洪伟等,2012)。例如,对某款电视机的五星评价("买了一个月了,使用不错,就是移动宽带不稳定,看电视有时慢";"比想象中的大,喜欢,就是声音有时会一卡一卡的"),一星评价("效果还是不错,但只是会员才能享有")等,这些在线评论中既包含正面情感,也包含负面情感,混合的消费情感在中性评论中更为普遍。由此可见,在研究消费者在线评论的过程中,不能忽视正面和负面两种情感同时存在的现象。如果简单地将在线评论分为正面评论、负面评论、中性评论,就会影响情感分析的准确性和有效性。究其原因,是在线评论文本情感分析与心理学的情绪理论发展不相一致。由此,乐国安等(2013)提出,应将情绪心理学理论更好地应用于在线文本情感分析之中。

与单维假设模型相比,态度的二维模型具有更高的外部效度(Crowley & Hoyer,1994;Thornton,2011)。二维模型假设积极态度和消极态度是相互独立、同时存在的。如图 1-2 所示,由积极态度和消极态度构成的平面直角坐标系中,夹角平分线以下区域中的点表示消费者评论中积极情感多于消极情感,夹角平分线以上区域中的点表示评论中表达的消极情感多于积极情感。夹角平分线坐标原点表示完全没有表达积极或消极情感的中性评论。从原点发出的夹角平分线表示混合的中性评论,评论中的积极情感和消极情感的水平是相当的。由此可见,与单维模型相比,态度的二维模型可以对在线评论的情感倾向进行更为全面、细致的解释。已有学者以此理论为基础探讨在线评论的有用性。例如,Tang、Fang 和 Wang(2014)在研究中将产生的评论分成正面、负面、无关的中性和混合的中性评论四类,进一步的研究表明,混合的中性评论放大了正面评论和负面评论对产品销售的作用,无关的中性评论则减小了正面评论、负面评论对产品销售的作用。

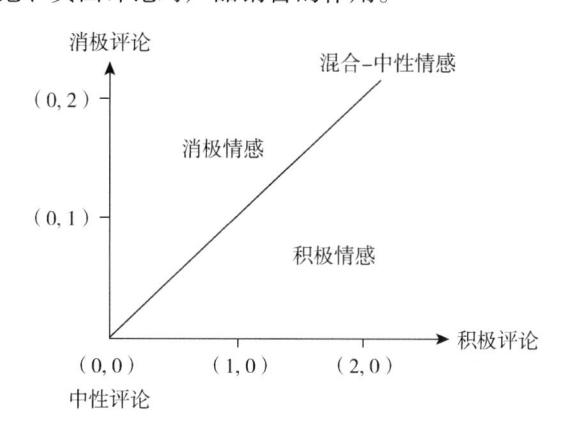

图 1-2 消费者态度的二维模型

资料来源:Tang, T., Fang, E., & Wang, F., "Is Neutral Really Neutral? the Effects of Neutral User-generated Content on Product Sales", *Journal of Marketing*, Vol. 78, No. 4, 2014, pp. 41-58.

在 Tang、Fang 和 Wang（2014）的研究中，将积极情感词赋予正值，消极情感词赋予负值，依据两者相加之和来判断评论情感倾向。当总和为正值时，评论为积极的评论；当总和为负值时，评论为消极的评论；当总和为零时，评论为中性的评论，其中包括无关的中性评论与混合的中性评论。因此，采用 Tang、Fang 和 Wang（2014）的分析方法，当积极情感和消极情感得分相等时，评论即为中性的评论。那么，当一条评论的积极情感和消极情感得分分别为 +5 和 -5，另一条评论的积极情感和消极情感得分分别为 +1 和 -1 时，这两条评论均为中性评论，但两条评论包含的情感倾向是明显不同的。因此，采用此方法将在线评论的情感极性进行分类，既不能很好地体现评论的二维情感结构，也不能准确地反映各评论在情感倾向上的差异。由此可见，在线评论的积极情感和消极情感维度不能简单地进行相加处理。

第三节 动机与在线评论

消费者为什么发表在线评论？已有研究发现，动机是影响消费者口碑传播的重要因素（Dichter, 1966; Hennig-Thurau, Gwinner, Walsh, & Gremler, 2004; Sundaram, Mitra, & Webster, 1998; Yap, Soetarto, & Sweeney, 2013）。动机是为实现一定目的而行动的原因，是在自我调节的作用下，个体促使自身的内在要求（如本能、需要、驱力等）与外在诱因（如目标、奖励与惩罚等）相协调，从而形成激发、维持行为的动力因素（霍斯顿，1990）。目前，学者们对口碑传播动机的研究主要集中在消费者评论动机的分类、消费者动机与在线评论发布、消费者动机与在线评论的情感倾向等方面。

一 消费者评论动机的分类

由于口碑传播对消费者购买决策和购买行为的影响，学术界很早就对传统口碑的传播动机进行了研究。Dichter（1966）将正面口碑的动机分为四种类型。①产品卷入。产品卷入是指消费者由于对产品认知、体验和购买使用后产生的动机，从而产生口碑传播行为。②自我提升。消费者通过向他人推荐产品，满足了自我心理和情感需要。③其他卷入。消费者传播产品的相关信息，满足自己帮助他人、分享快乐以及表达关心的需要。④信息卷入。消费者虽然没有亲身体验，但是通过产品广告或公共宣传等途径了解产品的相关信息，并进行传播。Walsh 等（2004）的研究发现，口碑传播的动机主要有三种：责任、快乐和帮助。责任是指消费者认为有分享信息的责任，快乐是指分享信息能为消费者自身带来积极情绪体验，帮助是指希望能够帮助其他消费者。

传统口碑传播动机和在线评论动机虽然有许多相似之处，但也有明显的差别。Berger 和 Schwartz（2011）指出，传统口碑与在线评论的卷入门槛不同。传统口碑为面对面交流，门槛相对较低，常常发生在闲聊中，用来打破无话可说的尴尬；在线评论的门槛相对较高，很多人在决定发表在线评论时，并不是被交流的需要驱动，而是确信在线评论是有用的、有趣的信息。Godes 和 Mayzlin（2004）将在线评论动机分为内在动机和外在动机，内在动机主要出于内在心理需要，如道德感等，外在动机则是由于外界刺激而产生，如商家的折扣和奖励等。Che 和 Yang（2014）的研究表明，微信口碑传播的心理动机有娱乐性、社会性和信息性三类，三者均对消费者评论态度有积极影响。

Hennig-Thurau、Gwinner、Walsh 和 Gremler（2004）根据行为的目的，将互联网环境下在线评论动机分为八种：寻求网络平台帮助、帮助其他消费者、正面情绪表达及自我获得提升、社交收益、得到经济报酬、发泄负面情绪、帮助企业以及寻求信息。蒋音波（2009）将消费者网络口碑传播动机分为自我导向性动机、社区导向性动机和商家导向性动机三类。阎俊、蒋音波和常亚平（2011）采用深入访谈和问卷调查法对在线口碑动机进行研究，结果显示七种动机对传播在线口碑的行为具有显著性影响，分别是社区兴盛、获得信息回报、支持或惩罚商家、情感分享、提升自我形象、改进服务和获得奖励。Bartle 和 Caroline（2011）对顾客在线评论行为进行研究发现，顾客发表在线评论的动机主要有自我导向（得到金钱报酬等）、帮助其他顾客做出决策、社会利益（与同类顾客建立联系）、消费者赋权（写评论比给商家打电话更方便）和帮助商家五种。

也有学者专门探讨了正面评论或负面评论的动机。张晓飞和董大海（2011）将在线评论的行为动机分为三类：正面动机、负面动机和中性动机。Wetzer、Zeelenberg 和 Pieters（2007）发现负面在线评论的传播有八种动机，分别为心理安慰、情感发泄、搜寻建议、社交需要、娱乐消遣、自我表现、警示他人和惩罚平台或商家。

由此可见，研究者对消费者口碑传播和在线评论发表行为动机的分类进行了探讨，在线评论动机和传统的线下口碑传播动机间存在一定的差异性。

二 消费者动机与在线评论发布

消费者动机对在线评论发布行为有重要影响。Cheung 和 Lee（2012）通过分析第三方消费评论网站在线评论发布动机，发现集体归属感、自身声誉提升、关心与帮助其他消费者这三类动机与消费者发布在线评论行为有显著的正相关；消费者之间的道义责任、互惠、自我效能感则与消费者发布在线评论行为间无显著性相关。Hu 等（2008）认为，帮助企业和发泄负面情绪是激发消费者进行在线评论的重要动机，导致在线评分呈现不对称双峰分布特征，即消费者对购买过程和结果非常满意或非常不满意时给予反馈评分的比例比中等满意时高。Chen 和 Kirmani（2015）从劝说和知识分享角度进行研究，发现不同动机对消费者在线评论文本信息的影响明显不同，以劝说动机为主的评论发布者会更多地考虑评论的情感倾向，而以归属动机为主的消费者更多地关注评论信息的接收者与自己的相似性。

消费者动机与评论发布平台选择有一定的关联性。Chen（2013）采用实验法对消费者在线评论动机和发布平台的关系进行了研究，结果表明，持有归属动机的消费者更愿意在特定品牌网站上发表在线评论；以影响他人、劝说其他消费者为主要动机的消费者则更倾向于在某一类产品的网站（如相机），而不是某一特定品牌（如佳能）网站上发表评论。进一步研究发现，评论的情感倾向与评论动机共同作用于平台的选择，以影响其他消费者为主导动机的个体更倾向于将正面评论发表在一般性网站，而非特定品牌或某一类型商品的网站上，但发表负面评论时在不同平台的选择概率上没有显著性差异；另外，持有归属动机的消费者在文本情感倾向和发表平台的选择之间没有明显相关性。Bronner 和 Hoog（2010）把评论发布平台分为三类：商业营销网站、消费者个人网站和混合型网站，低到中等水平自我导向动机的消费者较多地会在个人网站上发布评论，高水平自我导向动机的消费者则较多在商业营销网站上发布评论；帮助他人动机较强的消费者更愿意在个人网站上发布评论，帮助他人动机较低的消费者则更倾向于在商业营销网站发布评论；中等水平和高水平的社会利益动机消费者更愿意在个人网站上发布评论，低水平的社会利益动机消费者则倾向于在混合型网站上发布评论；赋权水平低或帮助企业动机水平低的消费者更多地在个人网站上发布评论，赋权水平高或帮助企业动机水平高的消费者则较多地在商业营销网站上发布评论。

由此可见，消费者在线评论动机对评论决策和评论发布的选择均产生影响，是值得重点关注的变量。

三 消费者动机与在线评论的情感倾向

消费者动机与在线评论的情感倾向显著相关。在线评论的情感倾向反映了对产品或服务的满意度（Anderson，1998）、其他消费者评论的情感倾向（Moe & Schweidel，2011）以及发表评论的目的（Schlosser，2005）等。

各类动机对消费者正面口碑和负面口碑传播的激发作用不同。Engel、Blackwell 和 Miniard（1993）对 Dichter 的分类进行了修订，在正面评论四类动机基础上添加了一个负面口碑传播的动机——减少失调。Sundaram、Mitra 和 Webster（1998）运用关键事件法对动机和口碑情感倾向进行研究，发现利他动机既可以激发正面口碑，也可以激发负面口碑。正面口碑主要由产品卷入和自我提高等动机激发，负面口碑与减少焦虑、报复、建议寻求等动机显著相关。Alexandrov、Lilly 和 Babakus（2013）指出，消费者发表正面口碑和负面口碑的动机不同，正面口碑主要由自我提升动机驱动，发表负面口碑是为了满足消费者自我肯定的需要，而帮助他人和分享信息的动机仅影响负面口碑的发表。Kim 和 Ulgado（2014）的研究发现，有的消费者发表评论是为了发泄对产品或服务的不满（享乐性的情绪需要），有的消费者是为了金钱利益（实用需要）。前者评论中主要倾向于描述产品的享乐属性，后者的评论中更强调产品的功能属性。在情感倾向上，当产品同时具有享乐和实用两种特征时，发泄情绪动机的消费者发表的评论中主要以积极情感为主；获取报酬为目的的实用动机的消费者发表的评论中主要以消极情感为主。

从实用和享乐的角度来看，实用动机的消费者在发表评论时更多是以结果为导向，即发表评论是为了获取利益，此类消费者会在评论中尽可能精确、公正地展示产品或服务信息，方便其他消费者在消费决策过程中更好地判断。在这类消费者在线评论中，负面信息往往多于正面信息。享乐动机的消费者不以传播准确信息为目的，而更在意社会赞许和快乐。因此，如果消费者是为了与他人建立关系而传播信息，就会更关注哪些人会阅读自己发布的信息，以及阅读者会如何考虑自己发布的信息等（Ahluwalia，2002）。对消费者来说，正面评论比负面评论的诊断性更强,可以为产品和服务质量判断提供更多的信息(Meyers-Levy & Maheswaran, 1990)。

消费者动机在消费情绪体验与口碑传播中发挥着重要的调节作用。消费过程中的情绪体验会影响口碑传播,相关学者对负面口碑的研究更值得关注。Coombs 和 Holladay(2007)通过对消费者评论行为的研究发现,负面情绪能够导致负面口碑的产生和再次购买意向下降。Verhagen、Nauta 和 Feldberg(2013)指出,积极情绪和消极情绪都可以触发负面在线评论,而帮助其他消费者的动机在情感倾向和评论内容的关系中发挥调节作用。消极情绪体验促使消费者写出关于商家或产品的负面评论,劝说其他消费者不要购买该商家的产品或服务。

也有学者认为不同的消费情感体验会激发消费者不同的评论动机,Lee 和 Wu(2015)对医疗声誉案例进行研究,发现消极情绪(不确定、愤怒、失望)和负面在线评论动机(发泄、寻求建议、帮助他人和报复)之间关系复杂。不确定对发泄和寻求建议有正向预测作用;感受到愤怒的人会为了帮助他人而传播信息;失望的体验激发消费者通过发表负面评论进行报复等。进一步的研究发现,在参与到帮助他人的行为后,消费者的负面情绪会得到一定的释放。

通过回顾以上文献,可以看出已有研究探索了动机类型及其与正面、负面口碑传播间的关系。由于动机的复杂性,在同一评论中,消费者是否同时存在多种动机,不同动机对在线评论情感倾向的积极、消极维度作用是否存在差异,动机是单独作用,还是与其他因素共同作用,这些问题有待于进一步研究和解答。

第四节 满意度与在线评论

购买体验对消费者口碑传播有明显的影响。消费者满意(Consumer Satisfaction)是消费者购买后的实际感受,体现了消费者对购买过程和结果的倾向性。Oliver（1980）提出的"期望—不一致"（Expection-Disconfirmation）模型是消费者满意度研究的主导理论，认为消费者满意是消费者对实际产品、服务与消费前的期望标准之间差异性的主观认知评价过程。张跃先、马钦海和刘汝萍（2010）对"期望—不一致"模型在中国消费者中的解释力进行了验证。

消费者满意影响口碑的产生和传播过程。Richins（1983）以问题的严重性作为消费者不满意的指标，结果发现，消费者不满意的强度对抱怨行为有直接作用。Anderson（1998）指出，满意度与消费者口碑传播行为间呈 U 形关系，当消费者满意或不满意非常强烈时，就越有可能产生口碑传播行为。Sundaram、Mitra 和 Webster（1998）的实证研究发现，消费者对产品性能、员工—顾客间互动的体验可以解释 60% 的正面口碑发表行为，消费者对产品问题反映不足或购买后感到"不值"可以解释 58% 的负面口碑发表行为。Wangenheim 和 Bayon（2007）分别以德国能源市场上初次购买者和持续购买者为研究对象，探讨了消费者满意度和口碑之间的关系。结果表明，消费者满意度对口碑生成意向和口碑数量均有正向预测作用，产品卷入度在满意度和口碑生成意向的关系中起调节作用，产品卷入度越高，满意度和口碑生成意向之间的关系就越强。

消费者满意度对口碑产生的影响已经在不同行业得到了验证。Ranaweera 和 Prabhu（2003）对英国电话使用者满意度的调查发现，满意度是影响口碑传播的主要因素，其作用大于顾客忠诚对口碑传播的影响。Fernandes 和 dos Santos（2008）以巴西服务业为例，探讨了不满意度水平对消费者负面口碑生成的作用。结果显示，消费者不满意度水平对负面口碑生成的影响最大，消费者对抱怨的态度越强烈，对负面口碑的预测力越强。Guinalíu、Casaló 和 Flavián（2008）对有网上银行使用经验的消费者进行调查研究，表明网站可用性明显影响顾客满意度，消费者与在线交易系统互动的满意度水平会影响其发表正面口碑行为。郭恺强、王洪伟和赵月（2014）对在线评论发表的前因进行分析，发现消费者购物体验的满意度和在线声誉系统的有用性是影响发表在线评论的主要原因，在负面评论发表过程中系统有用性的作用大于满意度，在正面评论发表过程中满意度的作用大于系统有用性。

由上可知，消费者满意度对口碑传播有重要意义，不但影响口碑传播的数量，而且影响口碑的情感倾向。但已有研究的因变量均为正面口碑或负面口碑，没有考虑到在线评论中情感倾向的多维结构。那么，满意度和情感倾向的二维结构是何关系？消费者同样的满意度水平会导致同样的情感倾向吗？哪些因素会影响二者之间的关系呢？这些正是本书要解答的主要问题之一。

第五节　个体特征与在线评论

消费者个体特征是稳定的心理因素，与在线评论有关的消费者个体特征主要包括性别等人口统计学变量、物质主义价值观、人格特征及共情等。

一　人口统计学变量

在线评论实证研究中，性别是最受关注的人口统计学变量。社会语言学理论认为，男性和女性交流的社会目的不同。女性交流通常是为了合作（Coatesj，2015）及网络化协作（Kilbourne & Weeks，1997），男性交流的目的则主要聚焦于保护和提升自身的社会地位（Tannen，1995）。因此，男性更多试图通过分享信息来控制交流过程，并且通过发表评论来维护自己的个人利益。

研究证实，口头交流时的性别差异同样存在于在线交流中（Gefen & Straub，1997）。Awad 和 Ragowsky（2008）的研究发现，男性在传播电子口碑时多会凸显自己有写评论并发表的能力，女性则更多关注其他消费者对自己所写内容的反应。温飞和沙振权（2011）对网络商店在线口碑传播进行研究，发现性别在信任与在线口碑传播行为的关系中起调节作用，男性消费者的信任水平对其在线口碑传播行为的影响明显大于女性。男性和女性发表在线评论的目的存在差异性，这可以从压力应对角度进行解释。在线购物后男性和女性的应对方式不同，Taylor 等（2000）提出，尽管男性和女性应对压力的生理、心理反应通常是"战斗或逃跑"，但女性在面对压力时更典型的反应是"照顾和友谊"。

男性和女性在情绪的语言表达方面有明显的差异。Goldshmidt 和 Weller（2000）的研究表明，女性比男性在语言表达中更多使用描述情感的词语。对情感词使用频率的对比研究发现，男性使用的情感词包含更多的"男子气"（如"生气"等），同时对"兴奋的"这一普通词语的使用频率也高于女性，男性和女性的情绪管理策略也明显不同。情绪体验的性别差异具有跨文化的一致性，Davis 等（2012）在一项跨文化研究中发现，在接受同样的刺激后，女性比男性的消极情感体验更加强烈，男性在应对负面情感时，多会采用回避策略。

男性和女性发表在线评论的内容方面也有差别（Choi & Kim, 2014）。虽然使用网络的主要目的是交流和收集信息，但男性更多的是为了休闲、娱乐等工具性目的，女性则主要是为了人际交流目的（Weiser, 2000）。由于男性多认为在线评论是信息导向的，与女性相比，男性更相信在线信息传播是有用的（Taylor, Lewin, & Strutton, 2011）。Choi 和 Kim（2014）以韩国消费者为例研究了 Facebook 中自我展示与在线评论内容的关系，发现性别在自我展示与在线评论内容关系中发挥调节作用，男性消费者比女性消费者会更多发表与品牌有关的内容。

二　物质主义价值观

由于价值观和社会规范的差异性，持有不同价值观的人情绪的强度和持续性不同,其表达方式也存在差异性。Tsai(2007)的研究表明,以个人主义价值观为主导的西方社会更强调情绪的积极一面,特别是高唤醒水平的积极情绪,如兴奋等,鼓励情绪体验和表达;以集体主义价值观为主导的东亚社会更看重积极情绪的低唤醒水平,如平静等。Hernandez 和 Fugate(2004)对消费情绪的研究发现,由于不同文化背景下价值规范的差异性,消费者会采用不同的处理方式应对购买带来的不满意,价值观可以影响消费者的抱怨行为。唐汉瑛和马红宇(2014)发现,价值观可调节满意度与后续行为之间的关系。

物质主义价值观一直是心理学和市场营销领域关注的焦点问题。物质主义是一种强调拥有物质财富重要性的个人价值观(李静、郭永玉,2008)。在消费者行为学领域,不同学者对物质主义价值观的界定不尽相同。Belk(1985)指出,物质主义价值观表现出消费者对世俗财物所赋予的重要程度。Richins 和 Dawson(1992)则认为,物质主义是一种个人价值观,强调拥有物质财富的重要性,物质主义价值观有三个核心维度:相信拥有物质能带来幸福、坚信物质代表了成功以及个体以获取物质为中心。物质主义者具有四个典型的人格和行为特征:第一,对复杂物质的需要,常常依赖于采用科技手段解决问题,缺乏对自然和环境的关注;第二,强调财务安全,较少注重人际关系;第三,为自己花费多,为他人花费少;第四,较低水平的生活满意度。

物质主义价值观对满意度的影响已得到广泛验证。Wright 和 Larsen(1993)的研究表明,物质主义价值观与满意度之间呈显著负相关。高水平物质主义者通常体会到较少的快乐,但体验到较多的消极情绪(Christopher,Saliba,& Deadmarsh,2009)。在购买过程中,物质主义价值观不仅影响消费者的购买目的、购买前的期待,并且影响购买后的满意度(Richins,2004)。Wang 和 Wallendorf(2006)的研究表明,物质主义与消费者对产品的满意度间的关系受到产品类型的调节,当消费者购买的产品具有较高的社会经济地位符号时,物质主义价值观对消费者满意度有负向预测作用;当产品的社会经济地位符号不明显时,物质主义价值观对消费者满意度没有显著预测作用。

物质主义价值观影响消费情绪。Richins(2013)通过纵向追踪研究,探讨了美国消费者物质主义价值观与消费情绪之间的关系,结果表明,高水平物质主义的消费者在购买前积极情绪水平高,购买后积极情绪迅速下降,而低水平物质主义的消费者在购买前后情绪水平无显著变化。高水平物质主义者购买前后情绪变化很大程度上可以由购买后的满意度水平来解释,由于期待的作用,对高水平物质主义者来讲,期待与盼望一件商品比实际拥有它让消费者更快乐,并且这样的情绪变化可能是天生的。高水平物质主义的消费者更重视公开消费贵重商品,并把它们作为自己在公众面前表现出成功和维护声誉的重要标准。

物质主义价值观与消费者满意度之间的关系已受到相关领域学者的重视,物质主义价值观对购买情绪的影响在美国消费者群体中得到了验证。消费者满意度是否在评论中得到体现呢?物质主义价值观与满意度的关系是否影响在线评论中的情感倾向呢?这些问题有待进一步研究。

三 人格特征

产品或服务的购买者和使用者要远远多于发表在线评论的消费者,哪些消费者会发表在线评论呢?已有学者对消费者评论和人格特征的关系进行了探讨,其中大五人格与网络使用及消费者评论间的关系受到了较多关注。Tuten 和 Bosnjak(2001)调查了人格对网络使用行为的影响,发现开放性得分与在线娱乐和产品信息搜索行为时间呈正相关,情绪稳定性与网络使用时间之间呈负相关。Woszczynski、Roth 和 Segars(2002)指出,人格对于消费行为的影响具有跨时间和跨情境的一致性。Acar 和 Polonsky(2007)对人格与社交网络渠道电子口碑传播行为之间关系的研究表明，外倾性得分高的消费者和意见寻求者在线时间相对较长，意见领袖更乐意于在线讨论产品的品牌信息。

对在线知识分享行为的多项研究（Matzler, Renzl, Mooradian, von Krogh, & Mueller, 2011; Wang & Yang, 2007）证实，人格和知识分享意向之间显著相关。Cabrera、Collins 和 Salgado（2006）的研究发现，大五人格中的宜人性、开放性和责任心与知识分享意向之间呈显著的正相关。Matzler、Bidmon 和 Grabnerkräuter（2006）的研究显示，宜人性影响知识分享行为，宜人性水平高的个体更愿意向他人提供帮助，更加慷慨和富有合作精神；有责任心的个体倾向于做他人期望自己完成的工作，表现出更高的分享和奉献意愿。Yoo 和 Gretzel（2013）探讨了游客的人格特征、评论动机以及评论行为之间的关系，发现大五人格中的情绪稳定性对互惠和利他动机有正向预测作用；外倾性和开放性对自我提升、利他和情感发泄动机有负向预测作用，宜人性和责任心对自我提升和利他动机有负向预测作用。

社会心理学领域有学者将大五人格与计划行为理论相结合，探索大五人格对行为的影响机制。对大学生体育锻炼行为进行研究发现，锻炼的态度和感知的控制在外倾性和锻炼行为的关系中起部分中介作用（Rhodes & Courneya, 2003; Rhodes, Courneya, & Jones, 2006）。

消费心理学领域对马基雅维利主义（Machiavellianism）的关注主要集中在马基雅维利主义对消费伦理的影响。作为一种人格特质，马基雅维利主义是借用意大利政治学家和历史学家马基雅维利之名提出的心理学概念（Christie & Geis, 1970）。马基雅维利主义也被称为权术主义，其主张为达到目的，不惜使用欺诈手段来操纵他人的行为，且缺乏对常规道德的关心，如见利忘义、不信任他人和不能识别他人情绪等（Mcllwain, 2003）。马基雅维利主义者的心理和行为通常表现出以下特点：关注结果、忽视道德、冷酷无情、擅长操纵、实用主义和阴谋算计等。

目前关于马基雅维利主义对人类行为影响的研究主要集中在管理学和经济学领域。马基雅维利主义可以影响个体态度的形成，Keenan 和 Valerie（1977）的研究发现，学生群体中马基雅维利主义人格与负面态度之间显著相关。高水平马基雅维利主义者表现出更多的操纵行为，如间接的和不合理的剥削、劝说等，更多倾向于使用令人信服的情感策略去劝说他人接受自己的观点（Gunnthorsdottir, McCabe, & Smith, 2002）。高水平马基雅维利主义者常常被认为是不诚实和有欺骗性的，并且为了达到自己的目的可以牺牲他人的利益。已有研究表明，马基雅维利主义与工作满意度呈显著负相关（秦峰、许芳，2013）。

马基雅维利主义对消费者的行为产生有显著作用。Bodey 和 Grace（2007）对购买后的抱怨行为进行研究，发现高水平马基雅维利主义者对抱怨的态度更加强烈，对有抱怨经历的消费者来说，马基雅维利主义还影响再次抱怨的意向。在经济行为中，高水平马基雅维利主义者倾向于放大自身的利益，多选择能提高自己经济利益的策略来解决问题，常常表现出经济机会主义的特征。此外，高水平马基雅维利主义者往往认为经济伙伴是不诚实的，并且会把经济活动中出现的问题归因为经济伙伴的自私自利（Sakalaki, Richardson, & Thépaut, 2007）。

那么，高水平马基雅维利主义者是否在购买后也感受到较低的满意度呢？马基雅维利主义与抱怨间的关系是否在在线评论中也得到体现呢？这些问题还有待进一步的研究。

四 共情

共情（Empathy），是指个体由于理解真实的或想象中的他人的情绪而引发的与之一致或相似的情绪体验。拥有较强共情能力的个体能够通过交流对象透露出的言语信息和非言语信息，能比较准确地感知对方的欲望与需求，并能够设身处地地理解对方的情感，维护对方的利益和尊严。近年来，共情成为认知神经科学、发展心理学、社会心理学、心理咨询与治疗等领域的研究热点。目前的研究结果主要集中在共情概念、共情理论模型的构建、共情能力的测量、共情能力的影响因素，以及共情和其他变量的关系等方面。

从国内外的研究来看，影响共情能力的因素有人格因素、心智觉知因素、观点采择因素等。心智觉知是一个人对自己正在经历的感觉的意识，也是一个人在彼此交流时即将感受到的情绪。Block-Lerner 等（2007）通过实验干预研究发现，个体可以区分自我的情感和交际对象的情感，同时可以从意识水平上客观地识别对象的情感信息。这有助于个体将共情关怀准确地转移到交际对象上，从而增强双方的人际和谐。苗德露（2013）研究发现，观点采择可以正向预测个体的共情性尴尬，当被试的观点采择能力较好时，对方体会到的尴尬情境产生共情就容易，同时，被试会因此引发自己的尴尬体验。余璇（2015）运用 ERPs 技术进行研究发现，当被试具有内倾性的人格特质时，他会将注意力更多地倾向于负面情绪图片。同时，在积极的、中性的、消极的这三种效价的情绪图片中，记录被试的情绪唤醒情况，具有内倾性人格特质的被试要高于具有外倾性人格特质的被试。

在线评论内容可能会导致消费者在自我需求满足上产生不同感受，关系和个人自主认知将通过共情的内在动机影响决策相关的心理活动，继而影响消费者的购买意愿。自我决定理论认为，内在动机对最终消费意愿与行为具有决定性影响（Thomson，2006）。杨爽（2013）研究发现，在线购物时的情境将通过影响顾客的内在动机相关心理活动，从而影响消费者采取消费行为达成目标的意愿。林瑛（2016）研究表明，在线评论倾向决定了消费者的自我满足程度，显著影响共情感染与共情抗拒，进而影响消费者的购买意愿，同时在线评论类型在其中起到重要的调节作用。

消费满意度是消费者购买商品后的实际感受，体现了消费者对购买过程和结果的倾向性,这种购买体验对在线评论情感倾向有明显的影响。消费者满意度与在线评论情感倾向之间、消费者满意度与共情之间、在线评论情感倾向与共情之间是否存在显著相关关系,共情在消费者满意度对在线评论情感倾向的影响中是否发挥调节作用,这些问题目前尚缺乏研究去证实。

第六节　消费者在线评论产生机制

消费者在线评论是如何产生的？有学者尝试采用计划行为理论来解释在线评论的产生过程。计划行为理论（Theory of Planned Behavior, TPB）是由多属性态度理论（Theory of Multiattribute Attitude）、理性行为理论（Theory of Reasoned Action）逐渐演变而来的,是用以解释个体行为一般决策过程的理论（Ajzen, 1985）,具体如图1-3所示。计划行为理论认为,在个人能力、机会及资源等现实条件充分的前提下,行为态度（Attitude）、主观规范（Subjective Norm）和感知行为控制（Perceived Behavioral Control）是影响行为（Behavior）的三个主要变量,行为意向（Behavioral Intention）在这三个变量中对行为起到中介作用。计划行为理论假设,态度越积极、重要他人越支持、感知到的行为控制越强,行为意向就越大;相反,行为意向就越小（段文婷、江光荣,2008;刘泽文等,2006）。

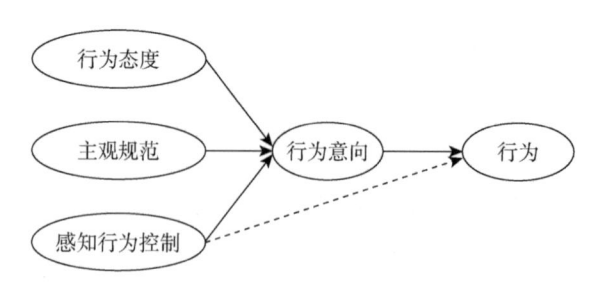

图1-3　计划行为理论模型

目前，计划行为理论将行为意向的前因变量和行为结果有机地联系起来，已经成为解释社会心理和社会行为发生的重要理论。计划行为理论已经在不同研究领域得到广泛应用，包括消费者在线评论相关问题的研究（Hagenbuch, Wiese, Dose, & Bruce, 2008）。已有研究主要着眼于探讨在线评论对消费者购买意向的影响机制，也有少数学者尝试采用计划行为理论分析消费者参与电子口碑的行为意愿（Elwalda, Lv, & Ali, 2016）。

计划行为理论可以解释消费者发表在线评论的行为。目标是个人努力和行为朝向的最终结果。Roseman、Wiest 和 Swartz（1994）的研究发现，不同情绪状态有不同的目标和行为倾向，对思维和情感的影响也完全不同。Singh 和 Wilkes（1996）基于多属性态度理论（Theory of Multi-attribute Attitude）对抱怨行为的生成路径进行了研究，发现抱怨行为的产生存在多条不同的路径，对抱怨行为的态度、期望价值判断是影响抱怨行为产生的两个重要变量。Bagozzi（1992）的研究表明，不满意强度代表了情绪水平，具有动机的功能，在态度、期望价值判断和抱怨行为的关系中发挥调节作用，即不满意水平越高，态度（期望价值判断）对抱怨行为的预测能力越强。Wetzer、Zeelenberg 和 Pieters（2007）对消费者负面口碑发表原因进行分析后发现，面对同样的服务失败情境，不同目的和态度的消费者有着不同的情绪体验，如为了报复商家而发表评论的消费者更多体验到的是愤怒，为了提醒他人的消费者更多体验到的是后悔。由此可见，消费者在线评论的内容因消费者体验到的情感不同而表现出明显的差异性。

上述研究表明，抱怨等行为是以目标为导向的。是否发表评论、评论什么内容是消费者一系列心理活动的结果，消费者发表在线评论前会考虑评论内容能否达到预期的目标。在线评论可以被看作是一种有计划的行为，行为的目的在于履行消费者义务和对购买结果提出处理意见或建议等（Merchant & van der Stede, 2007）。

Ajzen（1991）认为，计划行为理论是一个开放的理论框架，内容是可以扩展的。因此，为了提高计划行为理论的解释力，学者们尝试在实际应用理论中加入新的变量。相关研究加入的变量主要包括已有行为经验（张辉、白长虹、李储凤，2011；Roncancio, Ward, & Fernandez, 2013）、预期后悔与风险感知（王良秋等，2015）、自主动机（冯玉娟、毛志雄、车广伟，2015）、感知机会（张爱丽，2010）、自我认同（Hagger & Chatzisarantis, 2006）、道德责任（Chen, 2016）等。在加入的这些变量中，已有行为经验是被验证频次较高的重要变量。赵宝春（2012）的研究发现，直接经验对学生自主学习意愿有直接影响，并且通过态度、主观规范和感知行为控制对自主学习意愿产生间接影响。Smith 等（2007）也验证了购买经验对再次行为意向和实际购买行为有影响作用。

由此可见，已有经验可以纳入计划行为理论中作为行为意向的预测变量。消费者在线评论经验对后续评论意愿是否也有同样的作用，还需要通过研究进行验证。发表评论是一个信息传递的过程，在线评论信息中的情感倾向对再次发表评论的意愿影响作用是否存在差异性，也有待于进一步研究。

第七节　在线评论对购买意愿的影响

一　购买意愿的内涵

消费者购买意愿是指消费者在借助互联网平台进行购买活动时，购买某种产品或服务的行为发生的可能性和概率（张小娟，2016）。购买意愿是一种消费心理活动，与购买行为密切相关，因此通过对购买意愿的研究可以预测购买行为。

根据消费者在消费行为中的不同特征，可以分为理性消费行为、情绪消费行为、习惯性消费行为、从众消费行为。不同类型的消费者的消费心理不一样，影响购买意愿的因素多种多样（科特勒等，2012）。影响购买意愿的因素包括消费者个性特征、产品线索特征（内部、外部）、商户特征（服务质量、隐私保护、品牌、售后、配送服务、商店氛围）和社会经济（市场、人口、居民即期与未来预期的其他支出）（瓦瑜，2014）。

对购买意愿的量化研究集中于购买意愿的测算。Park 等（2009）编制了较为成熟的购买意愿量表，问题有 2 项，包括："你会购买该产品的可能性有多大？""你将该产品推荐给你的朋友的可能性有多大？"采用李克特七分量表，得分越高，说明消费者购买意愿越高。Lee 和 Lin 的购买意愿量表是由 4 个测量题项组成，包括购买的可能性、渴望购买的程度、是否把该产品作为首选、是否会把该产品推荐给其他人购买，采用李克特五分量表。李金海等（2016）运用信息技术对在线评论进行数据挖掘，建立针对消费者的用户偏好模型，用来预测消费者购买倾向。李永超（2016）采用眼动追踪技术收集消费者浏览评论时感兴趣区域的眼动指标数据，并配合相关数据统计和分析，探讨了消费者浏览在线评论的特点和影响因素，研究在线评论与消费者购买意愿的关系。

二 在线评论对购买意愿的影响

（一）在线评论的数量与质量

于丽萍等（2014）建构了在线评论对消费者购买决策的动因模型，其中在线评论的质量对消费者购买决策起正向作用，通过高质量的在线评论能降低决策风险。周梅华等（2015）研究发现，评论质量与消费者感知评论的相似度之间交互作用显著，高质量和高相似性的在线评论组合在一起会增强消费者对产品的判断能力。朱丽叶等（2017）研究发现，在线评论质量对消费者购买意愿产生正向作用，并且这种正向作用受到产品卷入的调节，即在高产品卷入情境下在线评论质量对消费者购买意愿的影响更加显著。杜美学等（2016）证实了在线评论的质量对购买意愿发挥正向作用，且该正向作用受到在线评论接收者专业这一因素的调节。

刘俊清和汤定娜（2016）在实证研究中发现，在线评论数量与购买意愿呈显著正相关。因为在线评论数量在一定程度上说明了商品的销售量，消费者能从众多评论信息中筛选出对自己有用的信息，从而正确评价商品。牛更枫等（2016）也证明了在线评论数量对购买意愿有积极影响，认知需要在该过程中起调节作用，低认知需要的消费者更容易受到在线评论数量的影响。

（二）在线评论的情感倾向

常亚平等（2012）发现，在线评论的好评度与冲动购买意愿之间是正向关系，当其他消费者对产品作出正面评价时，会使消费者产生希望购买并使用此产品的冲动。李启庚等（2017）发现在线评论的情感倾向与评论类型交互影响消费者的购买意愿。主观正面评论比负面评论的购买意愿更高。龚艳萍等（2015）发现在线评论内容对于消费者购买意愿的影响会随着消费者的目标变化而变化。当消费者只是浏览商品并不立即购买时，会更加关注描述产品核心属性的评价，而当消费者准备立即购买商品时，描述产品次要属性的在线评论对消费者的购买意愿有更大的影响作用。赵冬梅和纪淑娴（2010）按有无消费经验的标准把消费者分为两类，在随后的研究中发现，有网购经验的消费者更加看重感知收益，没有经验的消费者更看重感知风险，表明不同类型的在线评论对他们的购买意愿影响不同。

三 社会排斥与购买意愿

（一）社会排斥的定义

社会排斥是指个体受到某一社会团体或他人的排斥或拒绝后，其归属需求和关系需求受到阻碍的现象和过程（杜建政、夏冰丽，2008）。

心理学中的社会排斥经常与归属和自尊联系在一起。马斯洛的需要层次理论里包含了归属需要，个体的归属感若得不到满足，将会影响其高级需要的满足，如个体长期处于找不到组织的紧张不安状态，影响个体生理健康和心理健康。社会排斥由于其普遍性和可研究性，国内外的学者尝试将其引入消费心理学领域，用于探究消费者受到社会排斥时的心理反应和实际购买行为。

（二）社会排斥与购买意愿的关系

社会排斥与购买意愿及消费行为的关系主要包括：为促进关系而产生的购买意愿及消费行为，以及社会排斥引起的自我挫败与逐利购买意愿及消费行为。

首先，为促进关系而产生的购买意愿及消费行为。人们受到社会排斥后，总是愿意通过各种方法来修复自己与群体和他人的关系，在消费方面作出亲社会的选择。受排斥的个体会更愿意购买象征集体的产品，更愿意进行与集体活动有关的消费。被排斥后人们会比别人花更多的价钱去购买某个产品，以增强自己与集体或他人的归属感（Baumeister Dewall, Mead & Vohs, 2008）。社会排斥会增加消费者的炫耀性消费行为，比如购买奢侈品。有研究发现在面对奢侈品销售员的排斥时，女性比男性呈现出更多的购买意愿，且低权力水平的女性比高权力水平的女性购买可能性更大（王芳培、周颖、吕魏，2018）。

其次，社会排斥引起的自我挫败与逐利购买意愿及消费行为。由于社会排斥作用，消费者在选择消费品时更倾向于获得当下的满足，对长远利益考虑不足。有研究发现，个体被社会排斥后需要使用认知资源来压抑消极情绪，这时个体会出现自我挫败行为，如购买不健康零食等（Twenge, Catanese & Baumeister, 2003）。刘晨（2017）发现，消费者在社会排斥的影响下冲动型消费倾向会提高，可能产生很多冲动消费行为。孙琳琳（2014）在研究中指出，被忽视会威胁人的功能需要，个体通过社会的炫耀性消费行为来弥补，被拒绝会威胁人的关系需要，个体通过亲社会的慈善捐助行为来弥补。

四 自我接纳与购买意愿

（一）自我接纳的定义

自我接纳是指个体接受所有真实的自我，包括身体、能力和声望，以及自我的各个方面的有用性，表现为身体、社会和精神的自我满足（朱智贤，1989）。因此，自我接纳是个体对真实、现实自我的接受，不受其他原因的影响，是一种稳定的个体特征。

（二）自我接纳与购买意愿的关系

有研究认为，自我接纳是自尊的一个组成部分（丛中、高文凤，1999），自尊是建立在自我接纳的基础上（Barrish，1997）。自尊反映了个体知觉的现实自我和理想自我的差异。高承慧（2011）的研究显示，不同异质性自尊水平的个体在不同情绪状态下的风险决策行为存在显著差异。仲铁璐（2013）的研究结果得出，自尊水平的主效应显著，且中等自尊者均表现出更高的风险偏好。陈蒂等（2006）通过使用模拟竞赛问卷的方法发现，高等、中等自尊水平的被试更倾向于冒险。所以，自尊是影响消费者决策的一个重要变量，而自我接纳如何对消费者的购买决策产生影响，目前尚缺乏相关实证研究。

第二章 问题的提出与研究意义

第一节 问题的提出

一 现有研究的不足

消费者在线评论的情感倾向构成及其影响因素等问题,已经引起消费心理学、管理学、信息科学等领域学者越来越多的关注。这些研究将为在线评论情感倾向构成、影响因素及管理策略提供新的理论基础。但目前该领域的研究仍存在一些问题。

1. 在线评论情感倾向文本的单维分析不够合理

消费者在线评论研究中的一个重要问题是如何确定评论文本的情感倾向。消费者在线评论中蕴含大量的情感信息,既包含正面情感,也包含负面情感。在线评论涉及多个产品属性信息,既包含直接出现在评论文本中的显性属性信息,又包含没有直接表述而隐藏在上下文中的隐性属性信息(Schindler & Bickart, 2012)。由于缺乏规范的、统一的中文情感词库,已有研究中采用的判断情感极性的标准并不一致。在评论情感倾向的分析单位上,有的研究以整条评论为单位,有的研究以句子为单位(夏火松、松杨培、熊淦,2015;张紫琼、叶强、李一军,2010)。既往多数研究的基本假设是消费者在线评论情感信息结构都是单维的,即负面、中性、正面三类中的一种(Kang, Yoo, & Han, 2009;李实、叶强、李一军，2010），"满意/不满意""肯定/否定""赞同/反对"等多作为情感分类的两极。

但是，单维结构与消费者在线评论中的实际情感信息存在一定的差异性。消费者在评论中表达的情感既可能是积极的或消极的，更多的是同时既有积极情感也有消极情感。依照态度二维模型，当对某一刺激既有积极又有消极情绪反应时，个体会感受到矛盾情绪（Alvarez & Brehm, 2002）。每条评论的情感应该处于正向情感和负向情感构成的二维直角坐标系上的一个点。坐标系的原点表示消费者的评论中既没有任何正面情感倾向也没有负面情感倾向，夹角平分线表示评论中的积极情感与消极情感相当（Tang, Fang, & Wang, 2014）。因此，研究可以借鉴态度二维模型，从正面和负面两个维度同时考察在线评论文本的情感倾向，从而提高在线评论情感倾向分析的外部效度。

2. 在线评论情感倾向文本分析的有效性还有欠缺

既往在线评论的情感倾向研究集中在信息管理、情感计算等多个领域，研究者们提出了文本挖掘、自然语言处理、机器学习等情感倾向分类的方法和技术，提高了情感分类的科学性和准确性（Karlgren & Cutting, 1994; Kronrod & Danziger, 2014; Pang, Lee, & Vaithyanathan, 2002）。这些对于分析在线评论对消费者和商家决策的影响具有一定的意义，也给本书提供了有益的借鉴。但目前情感计算的研究是建立在已有情感词库基础之上的，并且中文公开的词库大多处于建设和探索中，缺乏开放的、统一的评价标准，其研究结果的有效性难以得到验证。更重要的是，已有情感词库以书面词语为主，而消费者在线评论主要以口语化的表达呈现，这样的差异在一定程度上降低了既往研究结果的可信性和有效性。因此，从消费者的角度，对真实的在线评论文本进行情感倾向分析是非常必要的。

3. 影响在线评论的内生影响因素尚缺乏系统研究

已有研究主要采用情境模拟实验，或在消费者回忆的基础上研究动机、价值观、人格、满意度等因素对在线评论意向和评论内容的影响。但此类研究中没有考虑到变量间的关系，研究多关注单个变量的影响。实证研究价值观对消费情绪的影响发现，高水平物质主义者购买后体会到更多的失望等负面情绪，满意度相对较低（Christopher, Saliba, & Deadmarsh, 2009）。人格因素主要考察大五人格对消费者评论发表意向的影响，大五人格各维度对消费者口碑传播的自我提升、利他、互惠、发泄情绪等动机的作用不同（Yoo & Gretzel, 2013）。在现实情境中，消费者发表评论是具有一定目的的，马基雅维利主义者为了达到个人目的可以牺牲他人的利益，甚至不惜采用欺骗的手段（Gunnthorsdottir, McCab, & Smith, 2002），因此在购买后可能更容易有负面态度和抱怨行为。物质主义价值观是否通过购买后的满意度影响消费者在线评论文本中的情感倾向？马基雅维利主义人格是否会导致更低的满意度，从而在评论中表达出更强烈的负面情感呢？满意度是否在物质主义价值观、马基雅维利主义人格与在线评论情感倾向之间起中介作用？前人研究虽然涉及了人格变量，但要深入探讨消费者在线评论的产生机制，必须对以上三个问题进行系统研究。共情可以影响与消费者决策相关的心理活动和购买意愿，共情在消费者满意度对在线评论情感倾向的影响中的作用也有待于研究去证实。

4. 前期经验对在线评论生成的影响机制尚待揭示

在线评论的作用已引起广泛关注，已有研究大多关注在线评论如何影响消费者的购买决策（Park & Han, 2007）。在线评论是一个动态的过程，发表在线评论是消费者的直接经验，已有评论经验是否影响消费者后续的评论发表行为呢？关于评论的生成机制，已有学者以计划行为理论为基础，探讨了口碑或评论的产生机制。Cheng、Lam、Hsu、Cheng和Lam（2006），以及Fu、Ju和Hsu（2015）的研究均验证了计划行为理论对在线评论产生机制的解释力。但是，已有研究中的自变量均为消费满意度，没有考虑到已有评论经验的影响。计划行为理论作为一个开放的理论，经验对行为意向的影响引起了研究者的广泛关注。段文婷和江光荣（2008）论证了个人经验与计划行为理论各核心变量间的关系，发现个人经验通过行为态度、主观规范和感知行为控制影响行为意向和实际行为。赵宝春（2012）对自主学习意向的研究证实，个人直接经验对中学生自主学习意向有影响作用。那么，消费者本次在线评论的经验是否影响后续的评论意愿呢？在线评论中情感倾向的各维度对后续评论意愿的影响有差异吗？因此，通过经验和计划行为理论的整合，可以进一步分析在线评论的生成机制。

5. 在线评论对购买意愿的影响

在线评论作为网络口碑的一种重要形式，对消费者购买意愿及品牌认知和产品评价等方面有重要作用。在线评论的数量对购买意愿有积极的影响，并且低认知需要的消费者更容易受在线评论数量的影响（牛更枫等，2016）。在线评论质量对消费者购买意愿会产生正向作用，在高产品卷入度情境下影响作用更加显著（朱丽叶、袁登华、张静宜，2017）。同时，在线评论的情感倾向影响消费者的购买意愿，正面评论者比负面评论者的购买意愿要高（李启庚、赵晓虹、余明阳，2017）。社会排斥可以影响人的认知、情绪、行为等方面，可能表现为促进关系而产生的购买意愿及消费行为，或者社会排斥引起的自我挫败感削弱购买意愿及消费行为。社会排斥在在线评论的数量和评论倾向对购买意愿的影响中发挥的作用有待研究。自我接纳是自尊的组成部分，而自尊是影响消费者决策的一个重要变量。目前对自我接纳如何对消费者的购买决策产生影响也缺乏相关实证研究。

二　主要研究内容

针对已有研究存在的不足，本书将采用文本分析法和问卷调查法探讨消费者在线评论的情感倾向构成维度、影响因素以及对后续评论意愿的影响等进行系统的研究。

四个研究具体内容如下。

研究一：在线评论情感倾向构成维度研究

此部分包含两个子研究。

子研究 1：在线评论情感倾向和内容结构文本分析

五星评价、三星评价和一星评价分别等于正面、中性和负面评价吗？在线评论中消费者表达了怎样的情感？消费者关注的产品和服务属性有哪些？基于态度的二维结构模型，态度的认知和情感均由积极和消极两个维度构成。消费者网络购物后的情感体验是比较复杂的，每条在线评论均包括在情感和认知各维度上一定得分的组合。消费者发表在线评论通常是要表达对产品或服务中某一个或多个属性的态度，既包括情感倾向也包括认知评价。本书借鉴4Ps和4Cs对营销要素的界定，通过对消费者在线评论文本分析，抽取消费者在线评论中关注的营销要素和表达情感倾向的词语。

子研究 2：在线评论情感倾向及内容结构问卷编制

在子研究1的基础上，按照问卷编制的流程，编制《消费者在线评论情感倾向问卷》和《消费者在线评论内容结构问卷》，确定问卷的结构，检验问卷的信度和效度。《消费者在线评论情感倾向问卷》用来测量消费者在线评论中表达的积极、消极情感强度；《消费者在线评论内容结构问卷》用来测量消费者在评论中对产品或服务各属性的关注程度。

研究二：在线评论情感倾向影响因素研究

此部分包含四个子研究。

子研究 3：在线评论情感倾向与内容结构的关系

CNNIC（2014）调查发现，中国消费者网络购物时主要考虑各零售商平台的产品品质、价格等核心要素，在此前提下快递配送速度也是消费者关注度较高的一个因素，而对品牌、声誉等因素只有中等水平的关注度。那么，在线评论中消费者对产品或服务各因素的关注程度是否也有不同？对各因素的关注度与在线评论的情感倾向有何关系？这是子研究3要解决的问题（图2-1）。

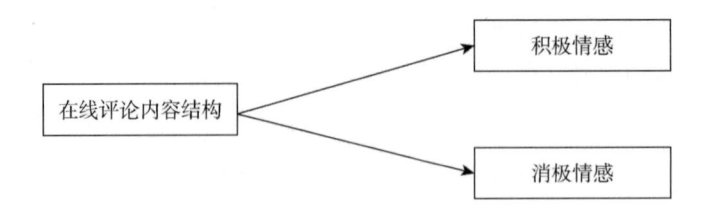

图2-1 在线评论内容结构与情感倾向关系模型

子研究4：满意度与在线评论情感倾向：评论动机的调节作用

消费者满意度是影响口碑传播的首要因素，在线零售商采用多种措施激发消费者发表正面在线评论，特别是积极情感高、消极情感低的"好评"。在满意度水平一定的前提下，由不同动机激发的评论是否有不同的情感倾向呢？子研究4对此问题进行了探讨（图2-2）。

图2-2 满意度、在线评论动机与在线评论情感倾向关系模型

子研究5：物质主义价值观、马基雅维利主义人格与评论情感倾向：满意度的中介作用

物质主义价值观影响消费者购买后的满意度，马基雅维利主义人格与生活满意度、工作满意度和幸福感间均呈负相关，并且高水平马基雅维利主义者善于操纵与他人之间的社会关系。本研究将分析物质主义价值观、马基雅维利主义人格与满意度、在线评论情感倾向之间的关系，并且探讨满意度在物质主义价值观、马基雅维利主义人格与在线评论情

感倾向之间的关系中是否起中介作用（图2-3）。

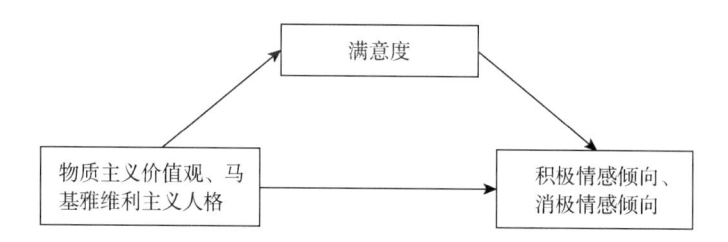

图2-3 物质主义价值观、马基雅维利主义人格、满意度与在线评论情感倾向关系模型

子研究6：消费者满意度对在线评论情感倾向的影响——共情的调节作用

共情有利于利他、助人等行为的产生，消费者会因为利他主义、情感分享、参与网络互动等因素在网购后发表在线评论，为其他的在线消费者提供产品及其服务的参考信息。本研究将分析消费者满意度对在线评论情感倾向的影响，并探讨共情在两者关系中的调节作用。

研究三：在线评论情感倾向对后续评论意愿的影响研究

此部分包含1个子研究。

子研究7：在线评论情感倾向对后续评论意愿的影响

Ajzen（1991）提出计划行为理论是一个开放的理论，为提高计划行为模型的解释力，可以加入新的变量，使计划行为理论模型得到扩展。目前，计划行为理论在相关领域得到了广泛应用，加入文化环境、人口统计学变量或个体心理特征等变量的扩展模型也得到了很好的验证。但已有评论经验对后续评论意愿是否有影响，还有待于进一步研究。本研究首先根据Ajzen（2002）提出的方法，编制针对消费者在线评论发表行为的问卷，通过问卷调查法收集数据，利用结构方程模型探讨已有评论情感倾向与行为态度、主观规范和感知行为控制以及后续评论意愿之间是否存在因果关系（图2-4）。

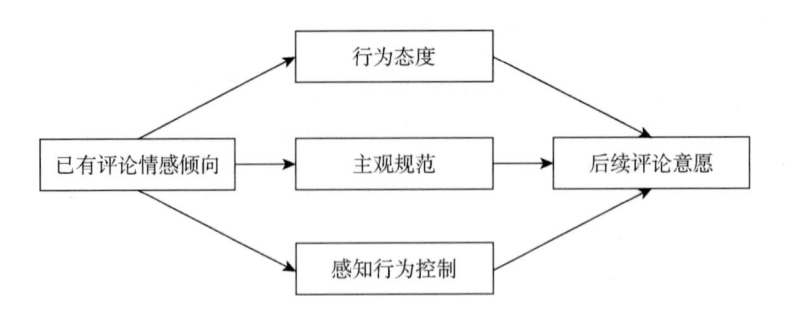

图 2-4 已有评论情感倾向与行为态度、主观规范和感知行为控制及后续评论意愿关系模型

研究四：在线评论对购买意愿的影响机制

此部分包含两个子研究。

子研究 8：在线评论、社会排斥和消费者购买意愿的关系

由于社会排斥具有普遍性和可研究性特点，国内外的学者尝试将其引入消费心理学领域，社会排斥影响消费者的购买意愿和消费行为。本研究将探讨在线评论数量及评论的情感倾向如何影响消费者的购买意愿，以及社会排斥能否作为调节变量分别影响在线评论的数量和评论倾向对购买意愿的影响。

子研究 9：在线评论对消费者购买意愿的影响——自我接纳的调节作用

消费者的个体特征对购买意愿的影响已经得到很多学者的重视。自我接纳是一种稳定的个体特征，以往研究主要集中在自我接纳对人际交往、心理健康水平的影响上，而自我接纳作为自尊的一个组成部分怎样影响消费者购买意愿还有待研究。本研究将探讨在线评论总数与好评率对消费者购买意愿的影响，并分析自我接纳的调节作用。

第二节 研究意义

消费者在线评论是影响网络购买决策的重要因素，甚至被称为"市场的决定性因素"或"顾客关系的试金石"。对网络购物后消费者在线评论情感倾向结构、影响因素及后续作用的研究具有重要的理论意义和实践意义。

一 理论意义

对消费者在线评论的情感倾向结构、影响因素及其对后续评论意愿、购买意愿的影响进行系统研究，对于深入理解在线评论情感倾向的结构、分析关键变量对在线评论情感倾向的作用、探讨在线评论情感倾向对后续评论意愿和购买意愿的影响具有一定的理论意义。

（1）本书依据态度二维模型对在线评论的情感倾向进行测量，为进一步验证该理论的解释力具有重要意义。已有在线评论情感倾向的研究主要采用单维模型，在中英文词库的基础上，利用不同算法对评论文本中情感倾向进行分类。研究中依据的中文词库以书面语言为主，而实际情况下消费者多采用口头语言进行评论。态度的二维模型对认知和情感的二维特征的解释已在很多研究中得以验证，本书将二维模型运用于在线评论的情感倾向的分析，充分考虑了消费者在线评论情感的复杂性。因此，本书是对在线评论情感极性研究的创新，也是对态度二维模型的有力验证与深化。同时，本书为了更好地提取出在线评论内容中的各类属性，将对评论文本进行人工分析，考察消费者在线评论中的情感词，以获得更可靠、更准确的结论。

（2）本书可以帮助厘清相关变量对消费者在线评论情感倾向的影响，进一步阐明在线评论情感倾向的生成机制。已有大量研究探讨了在线评论行为意向的预测变量，有学者提出，积极情感和消极情感的预测变量不同。满意度、评论动机、物质主义价值观、马基雅维利主义人格、共情、评论内容结构等因素对在线评论的积极情感和消极情感的作用是否存在明显差异，什么情况下消费者发表的评论中积极情感成分更多，什么情况下消极情感成分更多，这些问题要通过研究来逐一揭示。

（3）本书尝试以计划行为理论为基础，解释在线评论情感倾向对后续评论意愿的影响。在线评论是个人的直接经验，本书采用问卷调查法探讨评论经验对后续评论意愿的影响，并且分析行为态度、主观规范和感知行为控制在直接经验与后续评论意愿之间的中介作用，对于扩展计划行为理论具有一定的意义。

（4）本书探讨在线评论对消费者购买意愿的影响，以及消费者个人特征对此影响的调节作用。本书采用情景模拟实验设计、问卷调查等方式，重点分析在线评论数量及评论的情感倾向如何影响消费者的购买意愿，以及社会排斥、自我接纳能否作为调节变量分别影响在线评论的数量和评论倾向对购买意愿作用的发挥。

二 实践意义

从口碑管理的角度来看，深入探讨消费者在线评论情感倾向的结构、影响因素及对后续评论意愿的影响，可以为在线商家的口碑管理提供有益的参考。因此，本书具有重要的实践意义。

（1）本书分析消费者在线评论情感倾向的结构，可以在实践中指导电商平台提高服务质量。通过对消费者在线评论文本的分析和问卷调查，本书分析在线评论情感倾向和内容结构，探讨各产品和服务属性与情感倾向的关系，可以指导在线商家更加明确营销各要素的重要性，制定相应措施从而降低在线评论中的负面情绪。

（2）本书尝试探索消费者因素对在线评论情感倾向的影响，对于做好顾客细分工作、提高零售商—顾客互动质量，以及提高顾客忠诚度具有重要的指导意义。分析消费者满意度、评论动机的差别，价值观、人格上的差异，并且探讨其对在线评论情感倾向的影响，筛选出关键影响因素，可以指导在线商家做好顾客细分，与消费者进行有针对性的互动，从而提高消费者的满意度。

（3）本书探讨评论情感倾向对后续评论意愿的影响，可以进一步深入理解在线评论的动态过程，帮助企业制定更有针对性的消费者在线评论管理策略。

（4）本书探讨在线评论对购买意愿的影响，以帮助更深入了解消费行为的心理机制，为网购消费市场的健康发展提供参考意见。

第三节　研究方法与总体设计

本书主要采用文献法、文本分析法和问卷调查法开展研究。采用文本分析法分析消费者网络购物后发表的在线评论内容，在此基础上编制《消费者在线评论情感倾向问卷》和《消费者在线评论内容结构问卷》；探讨消费者对产品和服务各属性的关注程度、满意度、评论动机、物质主义价值观、马基雅维利主义人格、共情等因素对在线评论情感倾向的影响；依据计划行为理论对在线评论情感倾向对后续评论意愿的影响作用进行研究，并且通过问卷调查法和结构方程模型来验证这一模型；采用情景模拟实验设计、问卷调查等方式探讨在线评论数量及评论的情感倾向对消费者的购买意愿的影响及其机制。

第三章 在线评论情感属性构成维度研究

第一节 子研究1 在线评论情感倾向和内容结构文本分析

一 研究目的

通过对消费者在线评论的文本分析,确定在线评论表达情感倾向的词语,并且筛选表达积极情感和消极情感的高频词语,提炼在线评论情感倾向维度和内容结构的构成。

二 研究方法

(一) 研究对象

根据中国互联网络信息中心(CNNIC)的《2014年中国网络购物市场研究报告》,本研究选取品牌渗透率最高的淘宝、天猫和京东三家网络零售平台上的消费者在线评论文本作为研究对象,共分析了11992条在线评论文本。

(二) 研究工具

本书采用文本分析法分析消费者在线评论的文本资料。文本分析法是一种定性和定量相结合的内容分析方法，是对信息特征系统的、客观的分析方法（涂端午，2009）。文本分析作为数据挖掘的一种分支技术，最初主要应用于情报学和信息科学，现在逐渐发展成为社会学、心理学和市场营销领域的重要研究方法。采用文本分析法可以将文字、图像等零散的、定性的符号性内容，转化成为系统的、定量的数据资料。该方法一般分为文本查阅、鉴别评价、归类整理三个阶段。文本分析大致可分为两个层面：第一个层面是利用情感倾向性分析或词频分析实现对文本特征的描述和概括，解读文本的表层含义；第二个层面是采用语义分析的方法，结合文本背景信息、时代特点等因素实现对文本信息的深层次剖析，挖掘文本的隐藏含义。

(三) 研究程序

本书中文本分析的具体操作步骤包括以下三个方面的内容。

1. 产品属性和情感倾向衡量标准的确立

本书以市场营销理论中经典的4Ps和4Cs营销组合要素作为评论文本中产品属性的衡量标准。4Ps是20世纪60年代由麦卡锡提出以市场为导向的营销组合要素，包括产品（Product）、价格（Price）、分销（Place）和促销（Promotion）四个基本要素。4Cs是罗伯特·劳特朋在1990年提出的以消费者需求为导向的营销组合要素，包括消费者（Consumer）、成本（Cost）、便利（Convenience）和沟通（Communication）。营销学界主流观点认为4Ps和4Cs是不能互相取代的，4Ps和4Cs是问题的两个方面，营销者采用4Ps营销组合是为了满足顾客需要的4Cs（李飞、王高，2006）。因此，本书将4Ps和4Cs同时纳入衡量标准，结合相关文献，通过与营销学领域专家的共同讨论，最终确定了4Ps和4Cs的衡量标准，具体如表3-1所示。

表 3-1　　　在线评论内容的 4Ps 和 4Cs 细分标准

产品 (P1)	价格 (P2)	分销 (P3)	促销 (P4)	消费者 (C1)	成本 (C2)	便利 (C3)	沟通 (C4)
功能、品质标准、产品特性、包装设计、产品品牌、商标、销售服务、质量保证、生命周期	获取利润、占领市场、基本价格、支付方式、佣金折扣、津贴、付款期限、商业信用、定价方法	分销渠道、覆盖面、流转环节、中间商、网店设置、储存运输	单向营销、信息传递、广告、引起注意、引起兴趣、激发欲望、加速行动、人员推销、营业推广、公共关系	需要、实际价值、为顾客服务、技术指导、产品咨询、售后维修、服务质量	货币支出、时间耗费、体力精力耗费、购买风险、物有所值、物超所值	减少流通环节、降低流通成本、方便、满意、低廉	双向互动的信息、交流、与消费者的沟通、部门间沟通

本书借鉴普拉切克（Plutchik，1970）和罗素（Russell，1980）情绪模型中的情绪词，以及 Richins（1997）的消费情绪问卷，初步确定了消费者在线评论情感倾向词语的判断标准。同时，由三位心理学专家结合消费者在线评论的实际情况进行逐词分析和一一对应，筛选出的词语组成了在线评论情感倾向判定词库。通过以上工作，本书分别建立了表示积极情感和消极情感的主要词语库，具体如表 3-2 所示。

表 3-2　　　在线评论的积极情感和消极情感主要词语库

积极情感	兴奋的（P1）、高兴的（P2）、满意的（P3）、满足的（P4）、狂喜的（P5）、接受的（P6）、喜欢的（P7）、期待的（P8）、愉快的（P9）、平静的（P10）、浪漫的（P11）、热心的（P12）、充实的（P13）、乐观的（P14）、激励的（P15）、希望的（P16）、
消极情感	失望的（N1）、后悔的（N2）、郁闷的（N3）、沮丧的（N4）、悲伤的（N5）、遗憾的（N6）、愤怒的（N7）、厌烦的（N8）、痛苦的（N9）、恼怒的（N10）、没有成就感的（N11）、紧张的（N12）、担心的（N13）、恐慌的（N14）、屈辱的（N15）、嫉妒的（N16）、孤独的（N17）

2. 在线评论文本资料的收集

参考《2014 年中国网络购物市场研究报告》中网络购物用户购买

商品品类的分布情况，选取网络零售市场最为活跃的品类，如服饰、电子产品（电脑、通信数码产品及配件）、日用百货、食品、鞋包等。在每一商品品类中，选择销量排名第一的商品。已有研究发现，消费者在零售网站发表的评论中有80.0%—98.7%的评论是正面的评价（李宏、张翠，2013）。因此，本书在评论文本选择过程中，把所有评论按照评论时间从近到远进行排序，选择2015年1月至2015年5月之间的在线评论，按照约5∶1的比例抽取好评和差评文本。

需要说明的是，消费者在线评论中存在同一消费者多次重复发表同一评论的情况，也有消费者发表与网络购物无关的评论，这些评论被视为无效评论。通过以上操作，实际可利用在线评论共11992条，有效率为86.0%。在线评论文本资料基本达到了客观、时间相对集中以及数量较大的要求，在线评论文本材料基本分布情况如表3-3所示。

表3-3　　　　　　在线评论文本材料分布

分类	项目	统计结果
评论条数	总评论条数	11992条
	正面评论条数	10049条
	负面评论条数	1943条
图像评论	总含图像评论	2949条
	正面含图像评论	2744条
	负面含图像评论	205条
评论网站	京东	5648条
	淘宝	3050条
	天猫	3294条
评论商品	服饰	1178条
	鞋包	1765条
	日化品	2605条
	食品	1904条
	电子产品	3307条
	其他	1233条

续表

分类	项目	统计结果
评论星级	平均评论星级	4.4 星
	正面评论平均星级	4.9 星
	负面评论平均星级	1.6 星
评论时间	总评论时间（购买—评论时间间隔）	10.7 天
	正面评论时间（购买—评论时间间隔）	10.0 天
	负面评论时间（购买—评论时间间隔）	13.9 天

3. 在线评论文本内容分析

为了尽量避免研究者个人偏见的影响，在正式文本分析前进行了预研究，统一确定文本词语提取和分类的基本规则。依照内容分析法的原则与操作步骤，对在线网站的 1000 条评论进行词语提取和分类（见表 3-4）。

表 3-4　　　　　　　　　在线评论分析示例

分类	网站	商品	评论内容	关注内容	情感倾向
正面评论	京东	手机	早上 10 点下的单，晚上 5 点就到了。这样的速度还能有什么话说。手机功能齐全，照相不错，软件也不错，各方面都能满足个人需求。本人很喜欢，买的 64G 想用什么软件用什么，再不用和以前一样要删软件删照片了。刚到手时兴奋得玩了一晚上的游戏。5999 元买的，真心有点小贵！	产品（性能）、顾客（满足需要）、便利（物流速度）、成本（贵）	满足的、兴奋的、喜欢的
正面评论	天猫	食品	快递一天就到了，很满意。包装很好，还送了养乐多，最主要的就是做活动买超级划算，可惜送人的，只能大饱眼福，也很感谢客服小白的耐心服务，主要昨天买得太着急又不停地催小白。可他还是耐心地给我一一解答疑问，唯一不足的就是我的着急让客服小白误认为我不需要礼袋，有点遗憾，不过还好，我事先准备了一个。很愉快的一次购物。	产品（包装）、价格（性价比）、促销（促销活动、礼袋）、沟通（客服）	满意的、愉快的、遗憾的

续表

分类	网站	商品	评论内容	关注内容	情感倾向
负面评论	淘宝	背包	包装太差了，塑料薄膜缠一下就送过来了，拿到有点后悔。查防伪短信一直没有回复，电话号码在网上也查不到所属企业，愤怒中……颜色有点色差，包包口设计得有点小，这显然不是我要的菜，退货太烦，送人了。感觉不值这个价钱，400多应该买个很好的包包，很不满意！	产品（包装、质量）、顾客（服务质量、实际价值）、成本（金钱）、沟通（客服）	后悔的、愤怒的、厌烦的、失望的
负面评论		电吹风	快递太慢，说9点送来12点才到，令人失望。到手后，打开看下，发现缺两个风头，说明书上的风头我一个都没有，这是我第一次在淘宝上买东西，就出现这事，真悲剧，郁闷无比。不过价格不贵，客服还不错，说是第二天就给我换一台，让我心里舒服些，希望商家在发货前仔细检查商品，不要再出现类似的事情。申请换货中，期待好运气。	产品（销售质量）、渠道（淘宝）、沟通（客服）	失望的、悲伤的、郁闷的、期待的

由研究者本人与另一位消费心理学专业教师对每一条在线评论文本进行初步分析。将表3-1和表3-2的内容作为参照来分析在线评论文本，把每条评论中表达情感倾向、关注产品与服务要素的词语列举下来，然后转到下一条在线评论。由于评论文本中既有书面词语也有口头词语，对书面词语进行直接提取，而对口头词语则在提取后转换为相应的书面词语，再进行分类。当遇到表3-1和表3-2中没有的词语或口头词语时，由两名编码员讨论后进行转换和编码，并且将该词语进行特殊标记，供后续研究和参考。

通过以上编码过程，形成一个初步的编码手册。在线评论文本分析示例如表3-4所示。邀请了两位应用心理学专业研究生参与在线文本的分析工作。首先，参照预研究得到的编码手册对两名研究生进行了3个小时的培训。然后，将两位教师和两位研究生分成两个小组，每组由一位教师和一位研究生组成,对在线评论文本进行编码。两个小组的编码结果比较显示,情感倾向属性词语的平均编码者一致性为88.2%,产品和服务属性词语的平均编码者一致性为81.4%。

(四) 数据处理

采用SPSS 19.0软件统计和分析数据。

三 研究结果

(一) 评论内容在各营销要素上的频数分布

表3-5列出了消费者在线评论在4Ps和4Cs营销组合要素上关注频数的分析结果。研究结果显示,消费者在线评论中各营销要素的关注程度不同,提及较多的营销要素主要有产品(P1)、消费者(C1)、分销(P3)、便利(C3)和价格(P2)等。一般而言,提及较多的营销要素是消费者在购买过程中印象较深的属性,反映出消费者感知到该产品及其配套服务属性中非常重要的部分。由此可见,网络购物中消费者最关注的还是产品本身的功能、质量、外形、包装等属性是否满足自身需要,是否物有所值,以及是否达到购买前的期待等。

表3-5　　　　在线评论中各营销要素的关注频数　　　单位:次,%

4Ps			4Cs		
营销要素	频数	占总评论比	营销要素	频数	占总评论比
产品(P1)	8969	74.79	消费者(C1)	4887	40.75
价格(P2)	3418	28.50	成本(C2)	457	3.81
分销(P3)	4633	38.63	便利(C3)	3442	28.70
促销(P4)	300	2.50	沟通(C4)	1046	8.72

在线评论中对便利及沟通的关注主要体现在购买过程便捷性、售后服务便捷性等方面。主要研究结果提醒在线商家,对操作比较复杂的商

品，应在购买的不同阶段为消费者提供相应的服务。例如，购买前为消费者提供产品咨询，购买后在使用和处理过程中提供必要的技术指导，从而提高消费者的满意度。如一位消费者在购买某款笔记本电脑后，在评论中强调了对客服指导的满意："客服很给力，安装设置都一步一步地教，总之很舒心。"

在线评论中消费者对价格、促销和成本因素的关注度也比较高，如金钱成本、优惠券、奖励等因素。目前，淘宝、京东、天猫等电商均推出了各种价格促销手段，例如分期付款、打白条等消费信贷方式，利用"双11"等促销刺激消费者购买行为等。本书在线评论文本显示，这些价格、促销和成本因素在一定程度上影响了消费者的购买期待，进而影响了消费者购买后的情感体验，例如，有消费者在评论提到"是促销时买的，对得起这个价格"。

网络购物中消费者也比较关注分销渠道、流转环节和储存、运输环节等，如关注在线商家的级别、信誉度、是否直营等。消费者在选择通过什么渠道购买时，营销渠道的可靠性、物流服务质量和物流价格等均为重要的影响因素。从以上结果中可以看出，消费者对旗舰店或电商直营商品的信赖程度较高，并且对其产品质量、价格和物流服务有比较高的期待。例如，有位消费者从某护肤品品牌旗舰店购买面膜后发表评论："还是旗舰店呢，质量真的很没保证，无法表达我的气愤。"

（二）评论文本在各情感词上的频数分布

消费者发表的在线评论以正面评论为主，负面评论相对较少。消费者购买商品的种类各异，但在每条在线评论中均表达了一定程度的情感倾向。将表达情感倾向的词语按照在评论中出现的频率由高到低进行排序，同时参照 Richins（1997）的消费情绪问卷，最终筛选出 14 个反映在线评论情感倾向的主要词语，如表 3-6 所示。其中，表示积极情感词语频数较高的主要有"满意的、喜欢的、平静的、愉快的"等，表示消极情感词语频数较高的主要有"失望的、后悔的、愤怒的、遗憾的"等。

表3-6　　　　反映在线评论情感倾向的词语的频数分布　　　　单位：次，%

积极情感			消极情感		
情感词	频数	占总评论比	情感词	频数	占总评论比
满意的	7435	62.00	失望的	1420	11.84
喜欢的	2848	23.75	愤怒的	634	5.29
满足的	1372	11.44	后悔的	864	7.20
愉快的	1909	15.92	厌烦的	166	1.38
兴奋的	757	6.31	悲伤的	181	1.51
平静的	2241	18.69	郁闷的	361	3.01
期待的	885	7.38	遗憾的	544	4.54

由此可见，当产品和服务满足消费者的需要、消费者感受到物有所值时，消费者发表的评论中表达了对购物过程的满意，以及由购买带来的积极情绪，如喜欢等。同时，由于个体和购买情境的差异，有些消费者在评论中表达了平静的情感，即没有强烈的积极情感。与之相反，如果产品、购买渠道或价格等要素没有达到消费者的期待，不能很好地满足消费者的需求，消费者会感到失望、后悔，甚至可能感到愤怒，并且会将这样的情感体验通过在线评论进行表达。

四　讨论

消费者在线评论是从产品使用者的角度出发，反映了对购买产品和服务各属性优劣程度的评价。因此，在线评论的情感倾向表达出消费者对某种产品或服务优劣的褒贬态度。

已有研究发现，在线评论中的情感倾向影响消费者对产品和服务的评估以及购买前的决策过程。一个普遍的观点是正面评价促进消费者对产品或服务的期待和正面态度；相反，负面评价降低消费者对产品或服务的期待和正面态度（张汉鹏、高春燕、马立娜，2016）。目前，对消费者在线评论情感倾向的研究主要基于 Kaplan（1972）提出的态度单维模型，即认为消费者在线评论情感倾向为非正即负。单维模型隐含的假设是：积极评价和消极评价可以理解为等效的评论，并且二者是互为倒数的关系，当积极（消极）评价上升时，相对应的消极（积极）评价将下降。

但是，实际上消费者在线评论的情感倾向表达是错综复杂的，常常含有对产品或服务某些方面的认可和肯定，同时也包含对其他方面的不满和批评。因此，采用单维模型描述在线评论的情感倾向会忽视评论中可能同时包含多种情感的实际情况。态度的二维模型认为，积极成分和消极成分是同时产生的，并且相互独立的（Thornton，2011），即个体对同一个刺激物可以具有积极和消极两种反应。本书对 11992 条消费者在线评论文本进行文本分析，结果表明，同一条评论中既含有积极情感也包含消极情感，并且这种情况比较普遍，这与目前国外基于态度二维结构的相关研究结果基本一致（Smith，Fischer，& Chen，2013），从而进一步验证了态度二维模型的合理性。本书还发现，消费者在线评论中表达情感倾向的词语具有一定的规律性，涉及的情感倾向词语相对集中。

在线评论中既包含情感信息，也包括认知信息。王伟、王洪伟（2016）认为，产品和服务既有客观性特征，也有主观性特征，客观性特征可以从商家给出的信息获取，主观性特征的获取则主要依赖于其他消费者的已有评论。尽管消费者购买的产品或服务类别可能完全不同，但仍然可以从不同消费者在线评论文本中提取出其关注产品或服务的主要特征。借鉴 4Ps 和 4Cs 的营销要素界定，本书对 11992 条在线评论中的产品和服务特征进行了逐条分析，其频数统计结果显示，消费者关注的产品和服务特征主要包括产品（质量、包装、外形、品牌等）、价格（定价、降价等）、渠道（分销渠道多少、渠道可选择性等）、促销（优惠券、免费赠品等），产品是否满足消费者需求，成本（金钱和时间等），售后服务便利性和与客服沟通有效性等多个方面。

在线评论中情感信息和认知信息互为补充，共同构成了评论文本。后续研究中将两者结合起来，探讨消费者在产品和服务各主要特征上的情感倾向，从而可以完整地描述在线评论的文本信息。

第二节 子研究 2 在线评论情感倾向及内容结构问卷编制

一 研究目的

通过文本分析方法，确定消费者在线评论情感倾向与内容结构问卷的基本结构，遵循问卷编制的基本步骤，编制在线评论情感倾向及内容结构问卷。

二 研究方法

（一）研究对象

采用滚雪球抽样方法，征集自愿参加调查的被试。所有被试均有近一个月内在线购物且发表在线评论的经历，问卷作答完毕给被试发放小礼品。共回收问卷 312 份，剔除网络购物花费大于 20000 元或小于 10 元问卷 25 份，有效问卷 287 份，有效率 92.0%。其中，男性 113 名，女性 174 名；24 岁及以下者 122 名，25—35 岁者 111 名，36 岁及以上者 54 名；单身者 151 名，已婚者 136 名；城市出生者 186 名，农村出生者 101 名；每月网购次数 4 次及以下者 233 名，4 次以上者 54 名。平均网购经验年限 4.5±2.5 年。网购商品类别分布与 CNNIC 发布的数据基本一致，其中服饰占 42.9%，鞋包占 12.3%，食品占 10.4%，电子产品占 17.4%，图书占 9.0%，日用化妆品占 8.0%。

（二）研究工具

通过文本分析方法，将筛选出的情感词组成情感倾向初始问卷，共包括 14 个条目。依据关注的 4Ps 和 4Cs 营销要素组成内容结构问卷，共包括 23 个条目。问卷采用李克特七级计分法，1 表示"程度非常低"，7 表示"程度非常高"。

（三）数据处理

采用 SPSS 19.0 软件对数据进行统计和分析。运用 Mplus 7.0 软件进行验证性因素分析。

三 研究结果

（一）在线评论情感倾向分析

1. 在线评论情感倾向描述性统计

在线评论情感倾向问卷各条目均值、标准差、偏度和峰度系数如表 3-7 所示。在线评论情感倾向各条目的偏度系数在 -1.27（P1）到 1.14（N5）之间，峰度系数绝对值在 0.02（N6）到 2.15（P1）之间。根据 West、Finch 和 Curran（1995）的建议，当偏度系数小于 2、峰度系数小于 7 时，可以采用 ML 估计。因此，本研究进一步采用 ML 估计进行验证性因素分析。

表 3-7　　在线评论情感倾向问卷条目的描述性分析

条目	M	SD	偏度	峰度
P1 满意的	5.31	1.30	-1.27	2.15
P2 喜欢的	5.34	1.38	-0.99	1.03
P3 满足的	5.23	1.37	-0.93	0.80
P4 愉快的	5.20	1.41	-0.90	0.70
P5 兴奋的	4.86	1.49	-0.65	0.96

续表

条目	M	SD	偏度	峰度
P6 平静的	4.62	1.57	-0.34	-0.49
P7 期待的	5.06	1.56	0.80	0.16
N1 失望的	3.06	1.73	0.62	-0.53
N2 愤怒的	2.72	1.81	0.88	-0.27
N3 后悔的	2.85	1.78	0.83	-0.24
N4 厌烦的	2.54	1.67	1.02	0.19
N5 悲伤的	2.48	1.66	1.14	0.55
N6 郁闷的	2.62	1.71	0.98	0.02
N7 遗憾的	2.66	1.68	0.94	0.14

2. 在线评论情感倾向问卷的信度检验

本研究采用 Cronbach's α 系数、复合信度（CR）和平均提取方差值（AVE）来检验问卷的信度。表3-8 显示了在线评论情感倾向问卷两个维度的信度分析结果。

表3-8　　　　在线评论情感倾向问卷的信度检验

潜变量	Cronbach's α	CR	AVE	1
1. 积极情感	0.907	0.917	0.624 (0.790)	
2. 消极情感	0.969	0.972	0.834 (0.913)	-0.122

注：括号中为 AVE 值平方根。

由表3-8 可见，Cronbach's α 系数和 CR 值均超过0.70，AVE 值均高于0.50，表明积极情感、消极情感两个维度的测量值有较好内部一致性（Hair, Black, Babin, Anderson, & Tatham, 2006）。关于问卷的区分效度，比较 AVE 值的平方根和两个维度之间的相关值，结果显示两个维度的 AVE 值平方根（0.790、0.913）均比两者得分的相关系数（-0.122）大，表明两个维度间区分效度良好。

3. 在线评论情感倾向的验证性因素分析

通过因素负载评估问卷的聚合效度。本研究采用 Mplus7.0 软件对 287 份问卷的积极情感和消极情感分量表进行验证性因素分析,以确定二维结构模型对数据的拟合程度,进一步检验理论模型的正确性。本研究分别检验了两个模型 M1 和 M2。其中,模型 M1 为单维模型,由于已有研究对在线评论情感倾向分析的假设多为单维两极结构,模型 M1 将 14 个条目全部设定为同一个因素。模型 M2 为二维模型,包括积极情感和消极情感两个相关的因素,每个因素包括 7 个条目。两个理论模型 M1、M2 的主要拟合指标如表 3-9 所示。

表 3-9　　在线评论情感倾向两个理论模型的主要拟合度指数

模型	χ^2	df	TLI	CFI	AIC	BIC	SRMR	RMSEA (90% CI)
M1	1187.17	73	0.449	0.558	12799.58	12967.92	0.323	0.294 (0.283, 0.306)
M2	162.44*	72	0.972	0.978	11076.85	11248.85	0.068	0.066 (0.053, 0.080)

注:* $p<0.05$。

表 3-9 结果表明,与单维模型相比,二维模型对购买后消费者在线评论的结构提供了更好的拟合效果。模型 M2 的 $\chi^2/df = 2.26$,与 2 比较接近,小于 5,并且其他参数都符合模型拟合的可接受标准,表明二维模型 M2 比较合理,也进一步说明该问卷具有较好的结构效度。

消费者在线评论情感倾向问卷的二维模型及标准化路径系数如图 3-1 所示。各条目的值都显著负载于其预期维度,除"平静的"外,其余各观测变量的因素载荷均超过 0.5,最大的因素载荷为 0.928,说明在线评论情感倾向问卷具有较好的聚合效度。

(二) 在线评论内容结构分析

1. 在线评论内容结构描述性统计

子研究 1 对在线评论认知信息的分析表明,消费者 4Ps 与 4Cs 各要

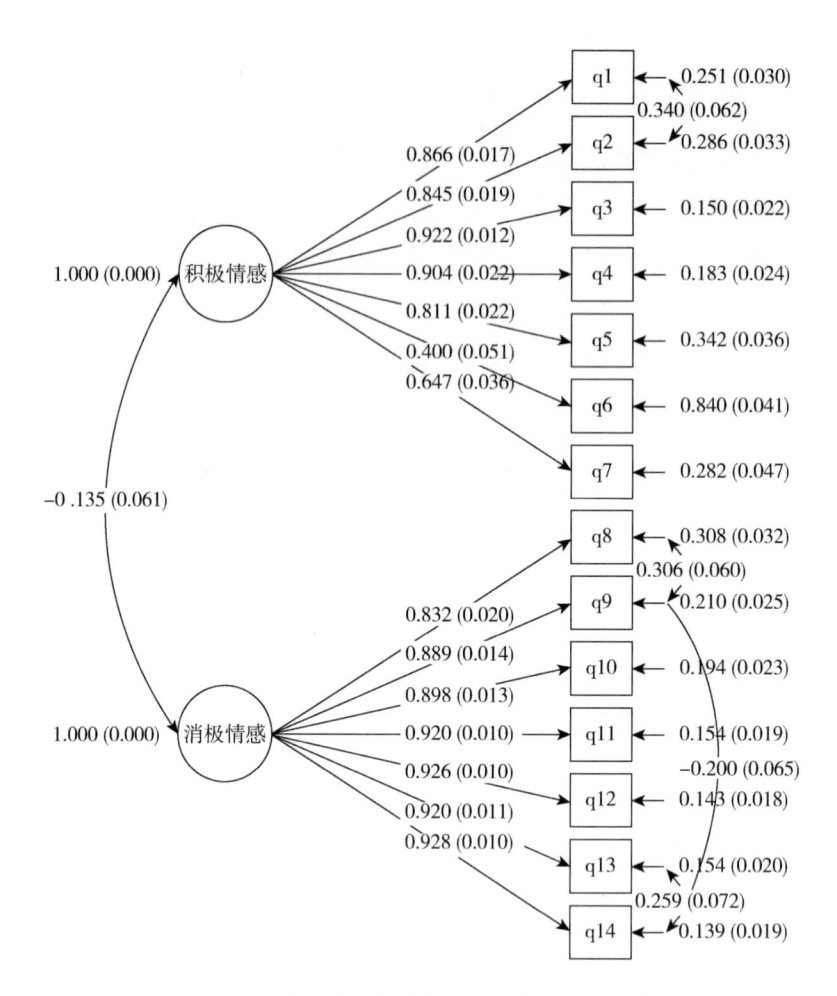

图 3-1　消费者在线评论情感倾向问卷的结构模型

注：q1—q7 对应于条目 P1—P7，q8—q14 对应于条目 N1—N7。

素的关注程度明显不同。4Ps 和 4Cs 营销组合要素是从营销者角度提出的，但是在线评论的信息发布者是消费者。两者的关注点是否一致？为了进一步探索消费者在线评论内容结构，将前文提取出的商品与服务主要特征作为初始条目进行研究。在线评论内容结构问卷各条目均值、标准差、偏度和峰度系数如表 3-10 所示。

表 3-10　　在线评论内容结构问卷条目的描述性分析

条目	M	SD	偏度	峰度
C1 产品品牌	5.16	1.55	-0.88	0.36
C2 产品外形	5.56	1.35	-1.11	1.52
C3 产品质量	6.07	1.20	-1.60	3.06
C4 产品包装	4.92	1.47	-0.65	0.40
C5 产品性能	5.94	1.25	-1.87	4.47
C6 价格变动	5.28	1.33	-0.76	0.54
C7 价格折扣	5.31	1.40	-0.88	0.78
C8 产品性价比	5.69	1.31	-1.14	1.50
C9 消费信贷	4.31	1.79	-0.39	-0.75
C10 卖家信誉	5.73	1.35	-1.20	1.20
C11 是否线下有售	4.36	1.69	-0.43	-0.52
C12 与线下价格差	4.59	1.77	-0.59	-0.53
C13 免费赠品	4.12	1.78	-0.31	-0.85
C14 优惠券或奖励券	4.21	1.76	-0.31	-0.81
C15 售后服务质量	5.32	1.64	-1.25	1.14
C16 产品满足需要的程度	5.64	1.25	-0.10	1.17
C17 购买过程便捷性	5.52	1.39	-1.01	0.86
C18 购物所花金钱成本	5.36	1.26	-0.70	0.63
C19 物流速度	5.48	1.29	-0.89	0.81
C20 商家发货速度	5.60	1.22	-0.96	1.22
C21 售后服务便捷性	5.40	1.43	-1.18	1.51
C22 客服沟通有效性	5.46	1.42	-1.42	2.31
C23 快递方面沟通有效性	5.39	1.38	-1.09	1.46

由表3-10可知,各条目的偏度系数在-1.87（C5）到-0.10（C16）之间,绝对值均小于2；峰度系数的绝对值在0.40（C4）到4.47（C5）之间,绝对值均小于7,因此本书可以采用ML估计进行验证性因素分析。

2. 在线评论内容结构问卷探索性因素分析

在287个样本中,随机抽取了143个样本进行探索性因素分析。结果显示，KMO 值为 0.78，可以进行探索性因素分析。前四个因素特征值大于 1，考虑抽取 4 个公因素，累计贡献率为 74.1%。根据探索性因素分析方法中条目删除的规则，通过多次删除和调整，最终余下 14 个条目。统计结果显示，14 个条目组成问卷的 KMO 值为 0.86，表明适合做探索性因素分析。然后采用主成分分析法提取公因素，对初始因素负荷矩阵采用最大方差法进行旋转，最终得到旋转后因素负载矩阵，如表 3-11 所示。在 4Ps 和 4Cs 的基础上，命名四个公因素，分别为核心价值、服务效率、促销让利和外观感知。

表 3-11　　在线评论内容结构问卷的探索性因素分析

因子	核心价值	服务效率	促销让利	外观感知
产品质量	0.817			
产品性能	0.737			
产品性价比	0.763			
产品满足需要的程度	0.826			
售后服务便捷性		0.740		
客服沟通有效性		0.692		
物流速度		0.638		
是否线下有售			0.823	
与线下价格差			0.887	
免费赠品			0.790	
优惠券或奖励券			0.817	
产品品牌				0.753
产品外形				0.662
产品包装				0.791

3. 在线评论内容结构问卷信度检验

为检验在线评论内容结构问卷的信度，表 3-12 显示了问卷四个维度的 Cronbach's α 系数、复合信度（CR）和平均提取方差值（AVE）。结果显示，Cronbach's α 系数和 CR 值均超过 0.70，AVE 值均高于 0.50，表明四个维度测量值均有较好内部一致性（Hair，Black，Babin，Anderson，& Tatham，2006）。关于问卷区分效度，比较 AVE 值的平方根和两个维度的相关值，结果显示两个维度的 AVE 值的平方根均比两者得分的相关系数大，说明四个维度间区分效度良好。

表 3-12　　在线评论内容问卷的信度检验

潜变量	Cronbach's α	CR	AVE	1	2	3	4
1. 核心价值	0.866	0.867	0.620	(0.787)			
2. 服务效率	0.822	0.836	0.632	0.733	(0.795)		
3. 促销让利	0.888	0.853	0.593	0.238	0.488	(0.770)	
4. 外观感知	0.746	0.744	0.500	0.560	0.547	0.402	(0.707)

注：括号中为 AVE 值平方根。

4. 在线评论内容结构问卷验证性因素分析

采用 Mplus7.0 软件对另一部分共 144 份问卷进行验证性因素分析，以确定模型对数据的拟合程度，四维模型的主要拟合指标如表 3-13 所示。研究结果显示，该模型的 $\chi^2/df=1.94$，并且其他参数均符合模型拟合的可接受标准，表明消费者在线评论内容结构中主要关注这四个方面的内容，在线评论内容结构问卷具有较好的结构效度。

表 3-13　　在线评论内容结构四维模型的主要拟合度指数

χ^2	df	TLI	CFI	AIC	BIC	SRMR	RMSEA (90% CI)
133.850*	69	0.935	0.951	6830.87	6984.63	0.053	0.077 (0.057, 0.096)

注：*p<0.05。

消费者在线评论内容结构问卷的四维模型及标准化路径系数如图 3-2 所示。问卷各条目的值均在 p=0.001 水平上显著负载于其预期维度，所有观测变量的因素载荷均超过 0.5，最大值为 0.893，说明在线评论内容结构问卷具有较好的聚合效度。

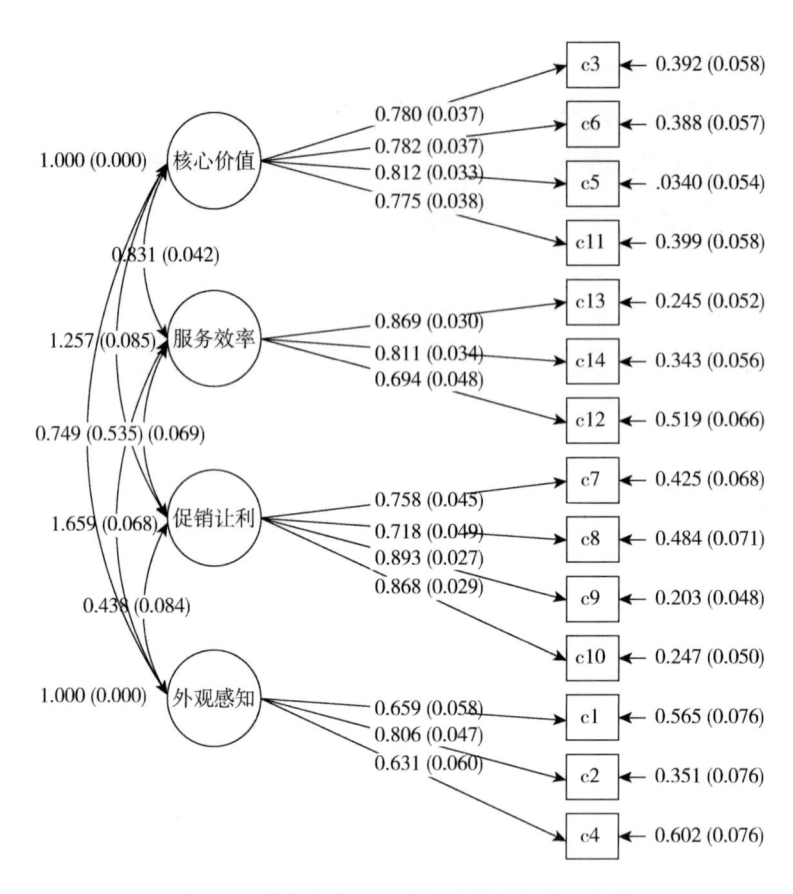

图 3-2　消费者在线评论内容结构问卷的结构模型

四　讨论

本书对在线评论情感倾向问卷进行试测，问卷的信效度检验结果发现，积极情感和消极情感构成的二维结构比单维两极性结构具有更好的拟合度。采用单维结构测量消费者在线评论情感倾向可能会导致更多详细信息的流失，从而明显影响在线评论情感倾向判断的有效性和准确性。在罗素的情绪环状模型中（Russell，1980），"平静的"是一种较低唤醒水平的愉快情感。在本书在线评论情感倾向问卷的结构效度检验中发现，"平静的"在积极情感上的因素负荷为 0.4，小于 0.5。根据态度的二维模型，积极情感和消极情感的交点表示冷漠的中立，既没有积极情感也没有消极情感。从交点出发的夹角平分线表示"混合型中立"，即包含的积极情感和消极情感是同等水平。本书中"平静的"在消费者在线评论中是否表示了没有明显的情感倾向，还是积极情感和消极情感水平相当呢？这一问题值得在后续研究中进行深入探讨。

在线评论内容结构问卷试测及其信效度分析结果表明，消费者在线评论中关注的产品和服务主要特征可以归纳为四个维度，分别是核心价值、服务效率、促销让利和外观感知。其中，核心价值指产品和服务质量、性价比、性能等满足消费者需要的程度；服务效率指售后服务和在线客服服务质量以及物流的速度；促销让利指与线下购买相比，线上购买的价格是否有优势、在线商家提供的赠品（优惠券）等属性；外观感知包括产品的包装、品牌和外观设计等。本研究结果揭示，在线评论中消费者对产品和服务主要特征的关注是有明显的规律性，反映了评论文本中的认知成分。

已有研究也有类似的发现，王伟和王洪伟（2016）对亚马逊网站数码相机的在线评论进行分析，发现消费者关注的产品属性主要包括照片品质、电池、视频、变焦性能、操作菜单和价格等多个方面，操作菜单、价格、照片品质权重相对较高，变焦性能、电池的权重相对较低。这些研究表明，不同类型产品消费者在线评论中关注的具体特征具有一定的差异性，但其主要关注的内容结构仍然涵盖在本书提取的四个基本维度之中。

与此同时，本研究也存在今后需要进一步改进的地方。例如，在线评论情感倾向问卷的验证性因素分析中，显示"满意的"和"喜欢的"、"失望的"和"愤怒的"、"愤怒的"和"遗憾的"之间存在相关性。Richins（1997）编制的《消费情绪问卷》测量结果显示，以上词语表达的情绪有明显不同。本研究是否表明在中文表达中以上词语的区分度较小？这些还有待进一步的研究。

第四章 在线评论情感倾向影响因素研究

第一节 子研究3 在线评论情感倾向与内容结构的关系

一 研究目的

探索消费者在线评论内容与情感倾向之间的相关性。

二 研究方法

(一) 研究对象

采用滚雪球抽样方法,所有被试均要求近一个月内有在线购物并且发表在线评论的经历。共回收问卷281份,剔除网络购物花费大于20000元或小于10元问卷16份,有效问卷265份,有效率94.3%。其中,男性83名,女性182名;24岁及以下者154名,25—35岁者73名,36岁及以上者38名;单身者170名,已婚者95名;城镇出生者168名,农村出生者97名。每月网购次数4次及以下者220名,4次以上者45名。平均网购经验年限4.1±2.8年。排名前三位的购买商品分别是服饰（44.9%）、鞋包（12.5%）和食品（10.2%）。

（二）研究工具

1. 在线评论情感倾向问卷

该问卷的信效度在子研究2中已进行了信度和效度检验。该问卷包括两个维度：积极情感和消极情感，每个维度均包含7个条目。

2. 在线评论内容结构问卷

该问卷的信度和效度在子研究2中已进行了检验。该问卷主要从核心价值、服务效率、促销让利和外观感知四个方面对网络购物中商品和服务进行评价。

问卷均采用李克特七级计分法。在线评论情感倾向问卷两维度得分越高，表明消费者在评论中表达的情感越强烈。在线评论内容结构问卷各个因素得分越高，表明消费者在评论中对该内容关注程度越高。

（三）数据处理

采用SPSS 19.0软件进行共同方法偏差检验和逐步多元回归分析。

为了排除同一批被试作答可能带来的共同方法偏差问题，采用Harman单因素检验法（周浩、龙立荣，2004），对问卷调查中可能出现的共同方法偏差问题进行检验。结果显示，最大因子提取方差为33.33%，低于50.00%的临界值，说明本研究不存在明显的共同方法偏差问题。

三 研究结果

本研究探讨了在线评论情感倾向和内容结构之间的相关性。表4-1呈现了各变量均值以及变量之间的相关系数。结果显示，各变量除消极情感与促销让利、服务效率之间不存在显著相关外，其余主要研究潜变量之间均呈显著性相关。AVE值的平方根均高于相应列的相关系数，表明各潜变量的区分效度良好。

表4-1 变量间的相关系数 (r)

变量	M	SD	1	2	3	4	5	6
1. 积极情感	4.98	1.09	(0.63)					
2. 消极情感	2.60	1.46	-0.22**	(0.82)				
3. 核心价值	5.62	1.06	0.53**	-0.26**	(0.69)			
4. 外观感知	4.90	1.25	0.59**	-0.14*	0.56**	(0.73)		
5. 促销让利	4.29	1.34	0.36**	0.04	0.34**	0.47**	(0.77)	
6. 服务效率	4.75	1.34	0.51**	-0.11	0.42**	0.45**	0.39**	(0.78)

注：*$p<0.05$，**$p<0.01$；括号中为AVE值平方根。

为控制消费者购买后的满意度水平和人口统计学变量对在线评论情感倾向可能产生的影响，本研究采用逐步多元回归方法进行数据统计分析。统计分析前将分类变量转换为哑变量。多重共线性检验结果表明，各变量的容忍度均大于0.1，方差膨胀因子（VIF）均小于6，表明该研究中没有明显的共线性存在。

表4-2显示了模型中各变量的标准化回归系数的结果。统计结果显示，外观感知、服务效率、核心价值和购买后的满意度对在线评论中的积极情感有显著性影响。其中，消费者在线评论中对商品外观、服务效率、商品质量以及商品是否满足自己需求的关注程度越高，发表的在线评论中积极情感水平就越高。核心价值、购买后的满意度对在线评论中的消极情感倾向有显著负向影响，而促销让利对在线评论中的消极情感正向作用显著。以上研究结果表明，消费者在线评论中对商品核心价值的关注程度越高，在线评论中的消极情感水平就越低；消费者对促销让利的关注程度越高，在线评论中的消极情感水平也就越高。购买后消费者对产品和服务越满意，发表的在线评论中积极情感水平越高，而在线评论中消极情感水平就越低。

表4-2　　　　　　　在线评论内容结构对情感倾向的回归分析

回归步骤	解释变量	积极情感	回归步骤	消极情感
第一步	满意度均分	0.37**	第一步	-0.21**
$\Delta F = 7.83^{**}$	24岁及以下	-0.10	$\Delta F = 2.32^{*}$	0.09
	25—35岁	0.02	R^2变化：0.07	0.05
	每月网购4次以上	0.00		0.04
R^2变化：0.20	家庭在农村	0.14*		-0.07
	单身	0.02		-0.02
	接受本科教育	0.01		0.04
第二步	满意度均分	0.21**	第二步	-0.16*
$\Delta F = 38.16$	24岁及以下	-0.09	$\Delta F = 4.99^{**}$	0.13
	25—35岁	-0.06	R^2变化：0.07	0.05
	每月网购4次以上	-0.01		0.02
	家庭在农村	0.07		-0.05
R^2变化：0.30	单身	0.03		0.02
	接受本科教育	-0.03		0.03
	核心价值	0.22**		-0.29**
	外观感知	0.29**		0.01
	促销让利	0.04		0.18*
	服务效率	0.21**		0.00

注：*$p<0.05$，**$p<0.01$。

四　讨论

在线评论内容结构和情感倾向的关系已引起相关领域学者的广泛关注。产品和服务是在线评论内容关注的重点。已有研究表明，评论内容的质量会明显影响消费者的购买意向（周梅华、李佩锢、牟宇鹏，2015）。李杰等（2014）在对服装产品在线评论的文本分析研究中，将在线评论内容分为产品评论和服务评论两大类。其中，产品评论内容包括质量、外观、价格、尺码等方面，服务评论内容包括商品描述、配送速度、服务态度和退换货处理等方面。该研究对评论内容与满意度之间的关系进行分析，发现八个内容要素对消费者的满意度均有显著性影响。李琪和梁妮（2015）的研究也发现，在线评论中产品评论比服务评论具有更高的有用性。

本研究探讨了在线评论内容结构和在线评论情感倾向之间的关系。研究结果表明，在线评论各内容结构要素对在线评论积极情感、消极情感存在一定的影响。产品质量、性能、性价比、是否满足消费者的需要等商品的核心价值对在线评论积极情感和消极情感均有显著作用，表明商品的核心价值是消费者在线评论中的一个重要影响因素。在线评论中与核心价值有关的信息是影响消费者购买决策的重要因素。例如，Zeb（2013）的一项关于在线电影评论的研究表明，在线评论中涉及电影的如主角、配角等内容对消费者观影行为有显著性影响，而故事情节、编剧等内容对消费者购买行为没有显著性影响。

本研究还发现，品牌、外形、包装等消费者感知到的产品外观感知因素，售后服务便捷性、客服沟通有效性、物流速度等服务效率因素，对消费者在线评论的积极情感有显著性影响，但对消费者在线评论的消极情感没有显著性影响。该研究结果表明，除产品本身能使消费者满意之外，良好的外观感知、快速有效的服务效率也可以促进消费者在线评论中的积极情感。另外，促销让利有关的因素，如是否线下有售、与线下价格差、优惠券或奖励券等对消费者在线评论的积极情感没有显著性影响，但是消费者对促销让利的关注却可以正向预测在线评论的消极情感。此研究结果提示，商家对促销让利措施要慎重对待，一味地通过促销让利来促进消费者产生积极情感和发表"好评"是比较冒险的，有时候可能会适得其反。

第二节　子研究4　满意度与在线评论情感倾向：评论动机的调节作用

一　研究目的

通过问卷调查法，考察满意度和评论动机对在线评论情感倾向的影响，并且探讨评论动机在满意度影响在线评论情感倾向中的调节作用。

二 研究假设

口碑是消费者购买后行为的重要组成部分，但是口碑产生的驱动力是什么？郭凯强和王洪伟（2014）的研究表明，影响消费者在线发表正面口碑的第一要素是消费者购买过程中体验到的满意度。满意度是指消费者购买后对购买的商品或服务是否正确，以及是否达到期待等的总体感受。查金祥和王立生（2006）认为，满意度是消费者对商品或服务质量的认知与先前期望进行比较之后的一种整体性情绪反应。目前相关领域学者已对消费者满意度与口碑情感倾向之间的关系进行了大量研究。杜伟强和于春玲（2009）对顾客满意度与正面、负面口碑的关系进行研究，发现满意度与正面口碑呈显著正相关，与负面口碑呈显著负相关。施娜（2011）考察了满意度与正面网络口碑意愿之间的关系，进一步验证了二者呈显著正相关，并且提出满意度对正面网络口碑意愿的正向影响的强度是递增的。

满意度与消费者抱怨行为的关系也引起了相关学者的关注，学者普遍认为满意度对抱怨行为有预测作用。景奉杰和曾伏娥（2004）在研究顾客满意度对顾客行为影响时发现，满意度的低端是不满意，不满意虽然不是顾客抱怨的充分条件，但却是顾客抱怨的必要条件。申跃（2005）以服务业为例进行研究，发现消费者在服务过程中的满意度对抱怨意向有预测作用。由此，我们提出以下假设：

H1a：满意度对消费者在线评论中的积极情感有正向预测作用；

H1b：满意度对消费者在线评论中的消极情感有负向预测作用。

消费者购买后的情感分享受到国内外学者的广泛关注。情感分享是指消费者期望通过网络口碑进行传播，达到与其他消费者分享消费体验和经验的目的。消费者通过传播正面口碑来抒发拥有或使用商品（服务）带来的愉快、兴奋、满意等积极情感，通过传播负面口碑来发泄消费过程中不愉快经历带来的气愤、忧虑和沮丧等消极情感（阎俊、蒋音波、常亚平，2011）。Sundaram、Mitra 和 Webster（1998）提出，欲望宣泄是负面情绪缓解的主要驱动力，发表在线评论能够降低消费者的焦虑水平，并且缓解由事件带来的挫败感，因此发表负面评论能够缓解消费者的焦虑。但是孙俊才和卢家楣（2009）对大学生情绪社会分享的研究发现，大学生对分享消极情绪时遭到打击、漠不关心或被嘲笑的反应是最不一致的。根据社会交换理论，个人行为的原则是需求利益最大化和成本最小化（冯必扬，2011）。因此，消费者在情感分享前会对分享的成本以及可能的结果进行评估，并且决定是否分享情感。基于此，提出以下假设：

H2a：情感分享在消费者满意度与积极情感的关系中起调节作用，情感分享增强满意度与积极情感的关系；

H2b：情感分享在消费者满意度与消极情感的关系中起调节作用，情感分享削弱满意度与消极情感的关系。

Hennig-Thurau、Gwinner、Walsh 和 Gremle（2004）认为，"帮助其他消费者"这一概念既包括帮助其他消费者，也包括警告其他消费者，"帮助其他消费者"是消费者自愿地为他人利益考虑而不求回报的行为。Yap、Soetarto 和 Sweeney（2013）提出，"帮助其他消费者"是二维结构而非单维结构。因此，拥有令人满意的购买经历的消费者，倾向于通过发表积极评论帮助其他消费者做出正确的决策；相反，对购买过程或结果不满意的消费者，则希望通过发表负面评论帮助其他消费者避免经历和自己同样的遭遇。因此，提出以下假设：

H3a：帮助其他消费者增强满意度和在线评论积极情感之间的关系；

H3b：帮助其他消费者增强满意度和在线评论消极情感之间的关系。

商家期望通过提供奖励激发消费者发表在线评论，包括购物平台给予的有形或无形的奖励措施（阎俊、蒋音波、常亚平，2011），如赠品、折扣券、返现和提升会员级别等。李婷婷和李艳军（2016）在对好评返现与消费者在线评论星级和文本极性关系的研究中发现，当返现额度较低时，相对于负面体验，正面体验的消费者评论文本内容的情感极性更趋向于积极情感。基于此，提出如下假设：

H4a：满意度与在线评论积极情感之间的关系受获得奖励动机的调节作用，获得奖励的动机越强，满意度对积极情感的正向预测作用越大；

H4b：满意度与在线评论消极情感之间的关系受获得奖励动机的调节作用，获得奖励的动机越强，满意度对消极情感的负向预测作用越小。

互惠规范是社会交换理论的核心特征（Coyle-Shapiro & Conway，2005），互惠规范是指别人怎么对待自己、自己应该怎样回馈他人的信念。通过在线评论，消费者可以对"好商家"提供支持，也可以对"坏商家"进行报复。如果消费者有非常满意的消费体验，就会希望自己的评论能够帮助商家；与之相反，当消费者有不愉快的购买体验时，就会期望让其他消费者相信应该一起抵制商家，从而达到报复和惩罚商家的目的（Ward & Ostrom，2006）。因此，我们提出以下假设：

H5a：满意度与在线评论积极情感之间的关系受惩罚/支持商家动机的调节，惩罚/支持商家的动机越强，满意度对积极情感的正向预测作用越大；

H5b：满意度与在线评论消极情感之间的关系受惩罚/支持商家动机的调节，惩罚/支持商家的动机越强，满意度对消极情感的正向预测作用越大。

Stern（2000）提出，自我提升体现出利己的价值倾向，个体倾向于展示正面的自我形象，并且希望得到他人的积极认同。消费者通过告诉他人自己的消费经历和体验，可以引起他人的注意，并且显示出自身的鉴别能力，从而将自己塑造成一个精明的消费者（张梦等，2010）。自我提升者感知自身比感知他人更加正面，对自我感知的正面程度高于他人对自己的感知（Kwan，John，Kenny，Bond，Robins，2004）。Chuang 和 Darke（2006）发现，不同文化背景下消费者自我提升与口碑的关系明显不同。本研究认为，消费者网络购物后为了显示自己是"聪明人"，可能会更多地传播商家的不足，较少地传播商家的积极信息。基于此，提出如下假设：

H6a：自我提升动机会削弱消费者满意度和在线评论积极情感之间的关系；

H6b：自我提升动机会增强消费者满意度和在线评论消极情感之间的关系。

改进服务是指消费者发表评论的目的是给商家施加压力，从而促使商家改进产品或服务（阎俊、蒋音波、常亚平，2011）。因此，当消费者发表评论的目的包含促使商家改进服务时，需要指出商家的不足之处，同时也会考虑到商家的感受，可能会在评论中尽量减少情感词语。由此，提出以下假设：

H7a：改进服务动机会减弱消费者满意度和在线评论积极情感之间的关系；

H7b：改进服务动机会增强消费者满意度和在线评论消极情感之间的关系。

三 研究方法

（一）研究对象

采用方便取样法由应用心理学专业研究生担任主试进行问卷调查。指导语强调作答的真实性，以及对被试个人信息保密的承诺。要求被试近一个月内有网购经历，并且发表了在线评论。本研究共回收问卷 332 份，剔除网络购物花费大于 20000 元或小于 10 元问卷 24 份，有效问卷 308 份，有效率为 92.77%。其中，男性 92 名，女性 216 名；24 岁及以下者 176 名，25—35 岁者 87 名，36 岁及以上者 45 名；单身者 116 名，已婚者 192 名；城市出生者 204 名，农村出生者 104 名。平均网购经验年限 4.1 ± 2.5 年。所购商品中频数占前三位的分别是：服饰（47.4%）、电子产品（11.0%）和日化品（10.7%）。

（二）研究工具

1. 满意度问卷

满意度问卷是在购物满意度问卷（Augusto de Matos, Vargas Rossi, Teixeira Veiga & Afonso Vieira, 2009）的基础上修订而来。购物满意度问卷基于欧洲顾客满意度指数（ECSI）模型编制，用来测量消费者在某次特定消费之后的满意程度。该问卷有四个条目，内容包括对购买决策结果优劣的判断、对商家服务的体验等，例如"对于本次购买决定，您的评价是？"选项从"非常糟糕"至"非常完美"。采用李克特七级计分，数字越大，表示该条目描述的内容越符合自己。已有研究显示，该问卷具有良好的内部一致性和区分效度（Fu, Ju & Hsu, 2015）。本研究中该问卷的 Cronbach's α 系数为 0.802，表明该问卷具有良好的内部一致性信度。问卷 AVE 值的平方根为 0.79，大于满意度与其他变量间的两两相关，说明该问卷具有较好的区分效度。

2. 在线评论情感倾向问卷

采用子研究 2 中编制的在线评论情感倾向问卷，包括积极情感和消极情感二维结构，各有 7 个条目，采用李克特七级计分法，从"程度非常低"到"程度非常高"。得分越高，表示被试在评论中表达的该情感程度越强烈。本研究中该问卷具有较好的结构效度：$\chi^2/df = 278.24/75 = 3.71$，RMSEA = 0.069，CFI = 0.97，TLI = 0.96。该问卷的 Cronbach's α 系数为 0.82，AVE 值平方根均大于积极情感和消极情感与其他变量间的相关系数。

3. 在线评论动机问卷

整合 Hennig-Thurau 等（2004）和阎俊、蒋音波和常亚平（2011）的在线评论动机问卷，经过结构化访谈、筛选，本研究最终保留了 6 种动机。

Hennig-Thurau 等（2004）编制在线评论动机问卷包含寻求网络平台帮助、帮助其他消费者、自我提升、社交收益、获得经济报酬、发泄负面情绪、帮助公司以及寻求信息。阎俊、蒋音波和常亚平（2011）对中国消费者产品讨论社区参与动机进行研究，发现社区兴盛、信息回报、情感分享、支持/惩罚商家、改进服务、提升形象和获得奖励七类动机影响口碑的传播行为。本研究的重点是消费者网络购物后在购物网站上发表评论的行为，与上述这些以点评网站为对象的研究（Hennig-Thurau, Gwinner, Walsh, Gremler, 2004；阎俊、蒋音波、常亚平, 2011）存在差异性。因此，本研究先对消费者在线评论动机进行预测，筛选出针对本研究中消费者在网购平台发表在线评论的动机因素，并且编制在线评论动机问卷。

首先，以某高校 78 名师生（58 名本科生、15 名研究生和 5 名教师）为研究对象进行预测。采用结构化访谈方法，要求被试回忆最近一次网络购物后发表评论的经历，并选择发表在线评论的动机，备选项参考已有的研究结果（Hennig-Thurau, Gwinner, Walsh, Gremler, 2004；阎俊、蒋音波、常亚平, 2011），合并后共 10 种动机：寻求网络平台帮助、帮助其他消费者、自我提升、社交收益、获得经济报酬、发泄负面情绪、帮助公司、寻求信息、社区兴盛和信息回报。

Hennig-Thurau、Gwinner、Walsh 和 Gremler（2004）研究发现，21.01%的消费者发表评论时同时受多种动机的驱使作用。因此，本研究访谈中将在线发表的动机设置为多选题。对访谈结果进行频数统计分析，结果发现社区兴盛、社交收益、寻求信息和寻求网络平台帮助这四种动机的出现频率为零。在征询了消费心理学领域两位专家意见的基础上，本研究中最终保留了其余的 6 种动机，重新命名为情感分享（emotion sharing with others，4 题）、获得奖励（economic reward，4 题）、惩罚/支持商家（supporting or punishing the suppliers，4 题）、帮助其他消费者（help other consumers，6 题）、自我提升（self-enhancement，4 题）、改进服务（service improvement，3 题）。初始问卷有 25 个条目，采用李克特七级计分法，1 表示"程度非常低"，7 表示"程度非常高"。

然后，以某高校 200 名大学生为例对初始问卷进行试测，以确定在线评论动机问卷的有效性。验证性因素分析结果显示，消费者在线评论动机一阶模型具有良好的结构效度：$\chi^2/df = 562.24/260 = 2.16$，RMSEA = 0.076，CFI = 0.902，TLI = 0.887；二阶模型 RMSEA = 0.086，$\chi^2/df = 662.47/269 = 2.46$，CFI = 0.873，TLI = 0.858，一阶模型的拟合度优于二阶模型。一阶模型验证性因素分析各路径系数如图 4-1 所示。在线评论动机问卷的 Cronbach's α 为 0.95，各维度的 AVE 值平方根均大于与其他变量的相关系数。

（三）数据处理

采用 SPSS19.0 和 Mplus7.0 统计和分析数据，采用结构方程模型检验问卷的结构效度，计算各因子之间的相关以及内部一致性系数。使用分层回归方法分析评论动机的调节作用。

四　研究结果

（一）在线评论情感倾向与满意度和评论动机的相关性

本书中在线评论情感倾向、满意度和评论动机各主要变量的平均数、标准差以及相关结果如表 4-3。从总体上看，消费者发表的在线评论中积极情感强于消极情感（配对 t = 20.14，df = 307，p < 0.001）。在变量的

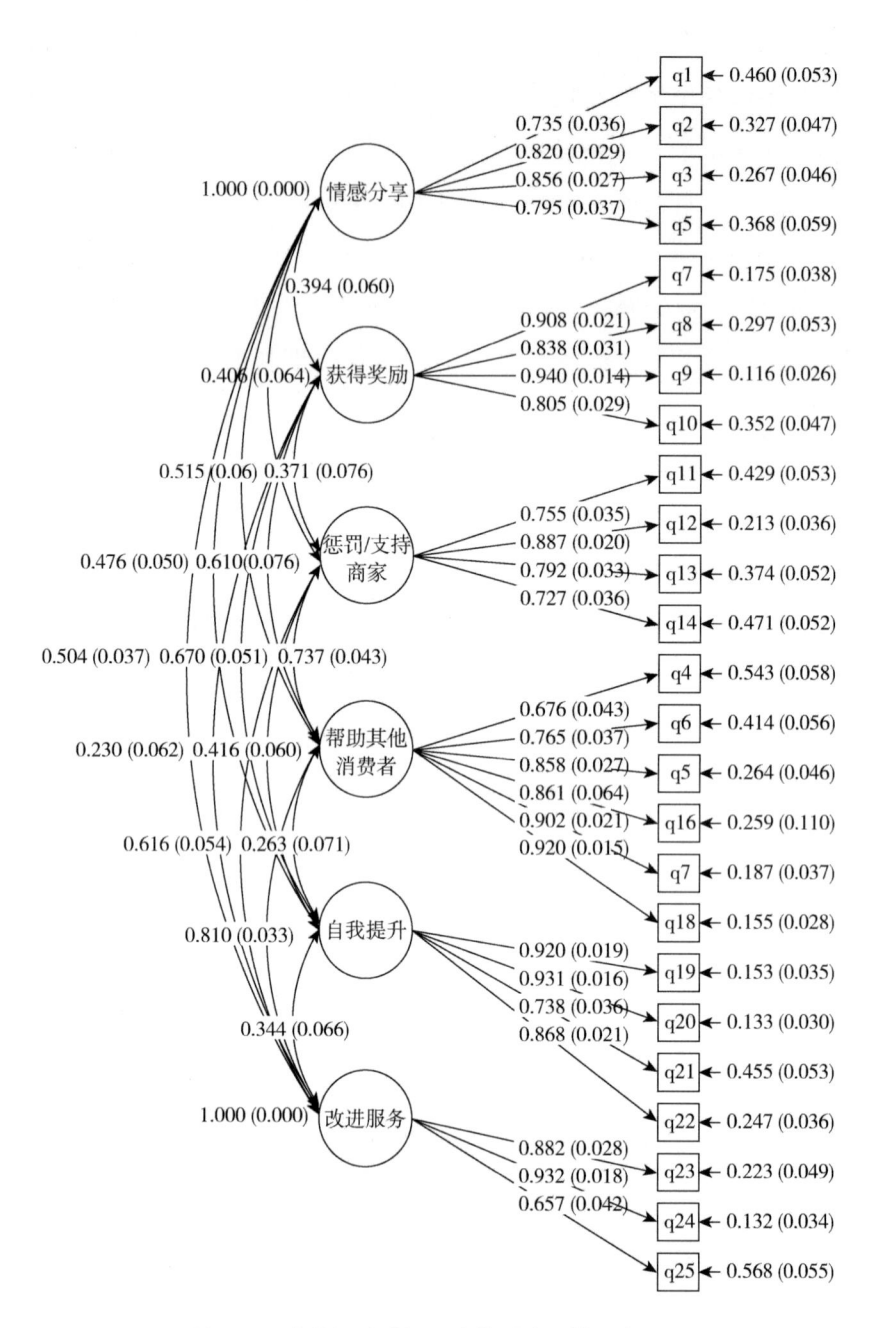

图 4-1 在线评论动机一阶模型验证性因素分析

相关分析中，获得奖励与其他类型的在线评论动机之间均呈显著负相关，而与其他类型的在线评论动机之间均呈显著正相关（$p<0.01$）；满意度与积极情感之间呈显著正相关（$p<0.01$），与评论的消极情感之间呈显著负相关（$p<0.01$）；获得奖励与满意度之间呈显著负相关（$p<0.05$），而其他类型的在线评论动机与满意度之间均呈显著正相关（$p<0.01$）；获得奖励、惩罚/支持商家与积极情感之间呈显著负相关（$p<0.01$），而其他类型的在线评论动机与积极情感之间呈显著正相关（$p<0.01$）；获得奖励与消极情感之间呈显著负相关（$p<0.01$），自我提升与消极情感之间呈显著正相关（$p<0.01$）；积极情感与消极情感之间呈显著负相关（$p<0.01$）。

表4-3　　　　　　　　变量间的相关系数（r）

维度	M±SD	1	2	3	4	5	6	7	8	9
1. 满意度	5.53±0.82	(0.79)								
2. 情感分享	4.74±1.36	0.30**	(0.80)							
3. 帮助其他消费者	5.14±1.33	0.26**	0.62**	(0.83)						
4. 获得奖励	3.50±1.42	-0.13*	-0.46**	-0.26**	(0.87)					
5. 惩罚/支持商家	4.64±1.41	0.25**	0.60**	0.68**	-0.44**	(0.79)				
6. 自我提升	3.67±1.61	0.20**	0.50**	0.30**	-0.67**	0.44**	(0.88)			
7. 改进服务	4.70±1.48	0.32**	0.60**	0.63**	-0.40**	0.63**	0.52**	(0.83)		
8. 积极情感	5.53±0.82	0.37**	0.50**	0.50**	-0.33**	-0.51**	0.37**	0.51**	(0.66)	
9. 消极情感	4.90±1.05	-0.15**	-0.06	-0.08	-0.29**	0.00	0.23**	-0.04	-0.15**	(0.81)

注：*$p<0.05$；**$p<0.01$；括号中为 AVE 值平方根。

（二）在线评论动机在满意度与在线评论情感倾向关系中的调节作用

为考察在线评论动机在满意度影响在线评论情感倾向中是否存在调节作用，参照已有研究（陶沙，2006），本书将满意度、积极情感、消极情感和在线评论动机得分进行标准化，然后使用满意度和在线评论动机不同维度的 Z 分数生成交互作用项"满意度×情感分享""满意度×帮助其他消费者""满意度×获得奖励""满意度×惩罚/支持商家""满意度×自我提升"以及"满意度×改进服务"。多重共线性检验表明，本书中变量的 VIF 值均小于 10，说明不存在多重共线性问题。在此基础上使用分层回归，首先将人口统计学变量（哑变量）及满意度、在线评论动机和积极情感、消极情感各变量的标准分引入方程，然后引入六项交互项，观察交互项是否具有显著性作用。研究结果如表 4-4 所示。

表 4-4　　评论动机在满意度与情感倾向关系中的调节作用

回归步骤与变量		因变量：积极情感			因变量：消极情感		
		F 值变化及显著性	R^2 变化	β 值及显著性	F 值变化及显著性	R^2 变化	β 值及显著性
方程 1		18.38**	0.44		5.61**	0.20	
	24 岁及以下			-0.16			0.11
	25—35 岁			-0.07			0.02
	每月网购 4 次以上			0.00			-0.07
	家庭在农村			0.09			-0.13*
	单身			0.09			0.04
	接受本科教育			0.00			0.07
	满意度			0.18**			-0.15*
	情感分享			0.34**			-0.17**
	帮助其他消费者			0.09			0.02
	获得奖励			0.02			0.28**
	惩罚/支持商家			0.10			-0.04
	自我提升			0.01			0.25**
	改进服务			0.11			-0.11

续表

回归步骤与变量		因变量：积极情感			因变量：消极情感		
		F值变化及显著性	R² 变化	β值及显著性	F值变化及显著性	R² 变化	β值及显著性
方程2		3.21**	0.04		2.93**	0.05	
	24岁及以下			-0.17			0.10
	25—35岁			-0.07			0.04
	每月网购4次以上			0.00			-0.07
	家庭在农村			0.07			-0.12*
	单身			0.11			0.04
	接受本科教育			0.02			0.03
	满意度			0.18**			-0.15*
	情感分享			0.33**			-0.17*
	帮助其他消费者			0.12			-0.00
	获得奖励			0.03			0.27**
	惩罚/支持商家			0.09			-0.02
	自我提升			0.02			0.25**
	改进服务			0.07			-0.12
	满意度×情感分享			0.25**			-0.04
	满意度×帮助其他消费者			-0.18			0.05
	满意度×获得奖励			-0.13*			0.02
	满意度×惩罚/支持商家			0.08			0.07
	满意度×自我提升			0.09			-0.22**
	满意度×改进服务			-0.14			-0.05

注：* $p<0.05$；** $p<0.01$。

由表4-4可知，在方程1中，满意度对积极情感（$\beta=0.18$，$p<0.01$）和消极情感（$\beta=-0.15$，$p<0.05$）的主效应均显著，H1a和H1b假设得到了验证；情感分享对积极情感的主效应显著（$\beta=0.34$，

$p<0.01$），对消极情感的主效应显著（$\beta=-0.17$，$p<0.05$）；获得奖励对消极情感的主效应显著（$\beta=0.28$，$p<0.01$），自我提升对消极情感的主效应显著（$\beta=0.25$，$p<0.01$）。在方程2中，满意度与在线评论动机的交互作用总体显著（R^2变化分别为0.04和0.05；F值变化分别为3.21和2.93，p值均小于0.01），表明在线评论动机对于满意度与积极情感、消极情感之间的关系均具有显著的调节作用。

具体来看，情感分享与满意度的交互项对积极情感的回归系数显著（$\beta=0.25$，$p<0.01$），H2a得到验证；自我提升与满意度的交互项对消极情感的回归系数显著（$\beta=-0.22$，$p<0.01$），H6b假设得到验证。但其他假设在本研究中没有得到有效验证。

为考察情感分享如何调节网购后满意度对积极情感的影响，根据已有研究的建议（叶宝娟，2016），将满意度得分从低到高进行排序，分别以低分端和高分端27%的被试为分界点，提取出满意度较低水平和较高水平两组。根据回归方程计算在较低情感分享动机（平均分以下一个标准差）和较高情感分享动机（平均分以上一个标准差）时，满意度对于积极情感的预测情况，结果如图4-2所示。

从图4-2中可以看到，随着情感分享水平的提高，满意度对积极情感的预测作用在增强。当情感分享动机较弱时，具有不同满意度的消费者发表的在线评论中积极情感差异较小；而当情感分享动机较强时，满意度水平高时消费者在评论中表达的积极情感明显提高。

将满意度、自我提升得分从低到高进行排序，分别以低分端和高分端27%的被试为分界点，被试根据情感分享得分被分为高自我提升组和低自我提升组。被试根据满意度得分被分为高满意度组和低满意度组，以消极情感为因变量，根据回归方程计算在较低自我提升和较高自我提升时，满意度对消极情感的预测情况，并作出交互作用图（如图4-3所示）。

从图4-3中可以看到，当消费者自我提升动机较高时，随着满意度

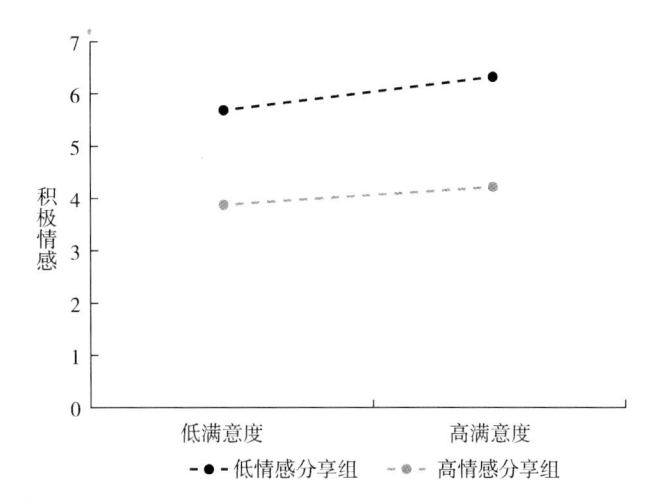

图4-2 情感分享在满意度和积极情感之间的调节效应

注：情感分享较低水平下，常数项为2.83，斜率为0.22，t=1.90，p>0.05；情感分享较高水平下，常数项为3.83，斜率为0.39，t=3.13，p<0.01。

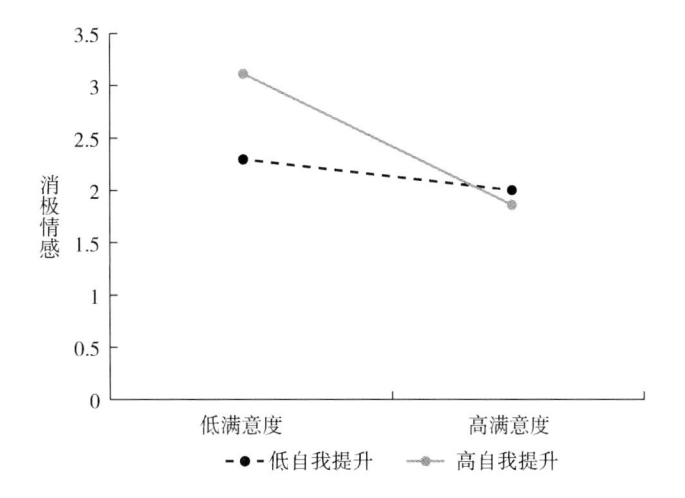

图4-3 自我提升在满意度和消极情感之间的调节效应

注：自我提升较低水平下，常数项为3.21，斜率为-0.19，t=-1.58，p>0.05；自我提升较高水平下，常数项为6.77，斜率为-0.77，t=-3.54，p<0.01。

的增加，消极情感下降较快；当消费者自我提升动机较低时，随着满意度增加，消极情感变化相对较小。

五 讨论

满意度是影响消费者口碑的重要因素（Zeelenberg & Pieters，2004）。基于已有研究结果，本研究探讨了在网络购物环境中，消费者满意度与在线评论情感倾向间的关系，并且考察了在线评论动机对两者间关系的调节作用。

研究结果进一步证实了消费者满意度对口碑的影响，显示满意度越高，在线评论中的积极情感水平越高、消极情感水平越低，这与杜伟强和于春玲（2009）对顾客满意度与口碑关系的研究结果相一致。因此，很有必要进一步探讨满意度对在线评论情感倾向的影响机制。当前，在线销售企业采用了多种措施激励消费者发表"好评"、减少"差评"，例如好评返现、送优惠券等财务奖励方式是企业常见的激励措施。除此之外，也有企业更关注关系营销，如发送提醒信息、建立消费者讨论群等。为了提高这些措施的有效性，必须先了解消费者为什么发表评论，本研究通过调节效应检验，发现情感分享和自我提升对消费者满意度和评论情感倾向之间的关系起显著调节作用。

情感分享是一种普遍存在的现象，具有跨文化、性别及效价的一致性（Rime，2009）。大量有关研究探讨了情感分享与个体情感体验间的关系，指出分享积极情感会给个体带来更多的积极情感体验，但分享消极事件会给个体带来什么样的情感体验，目前，还未形成一致结论。对于网购后的消费者来说，当经历了一次愉快的网购时，发表评论分享自己的喜悦能够让其体验到更多的积极情感。因此，一方面，当消费者满意度从低到高变化时，情感分享动机高的消费者（vs. 情感分享动机低的消费者）在线评论中的积极情感变化更快。另一方面，情感分享动机高时，消费者在线评论中的消极情感低，但对满意度和消极情感之间关系没有显著的调节效应。根据这一结果，激发消费者的情感分享动机可以促进满意度对积极情感的作用，特别是消费者满意度较高时，情感分享动机高的消费者在线评论中的积极情感倾向高；但情感分享动机并不影响满意度与消极情感之间的关系。

对自我提升动机较高的消费者来说，满意度较高的消费者（vs.满意度较低的消费者）在线评论中的消极情感显著降低，但是对于自我提升动机较低的消费者来说，满意度较高的消费者（vs.满意度较低的消费者）在线评论中的消极情感没有显著变化。因此，自我提升动机增强了满意度对消极情感的作用。换一个角度来看，自我提升是个体追求积极自我意象的驱动力（Chang，2008），当消费者的满意度较高时，更能体现出自我提升动机对消极情感的作用。

本研究也提示在网购网站，鼓励消费者购买后的情感分享也许可以更好地促进消费者在线评论中的积极情感；自我提升动机是"双刃剑"，在消费者满意度高时，自我提升动机激发消费者发出的评论中有更强的积极情感；而当消费者满意度较低时，自我提升动机则使消费者在线评论中表达出更强的消极情感。因此，在线商家应该慎重对待高自我提升动机的消费者。

第三节 子研究5 物质主义价值观、马基雅维利主义人格与评论情感倾向：满意度的中介作用

一 研究目的

探讨物质主义价值观、马基雅维利主义人格对消费者在线评论情感倾向的影响，分析满意度在物质主义价值观、马基雅维利主义人格与在线评论情感倾向关系中的中介作用。

二 研究假设

物质主义价值观是一种强调拥有物质财富对于个人生活重要性的价值观念,包含获取中心、获取快乐、财务成功三种成分(Richins & Dawson,1992)。研究表明,物质主义价值观会增加在线强迫购物(李静、曹琴、胡小勇等,2016),但购买后消费者会有何体验?

物质主义价值观与情绪的关系已经引起了学者们的广泛关注,一般认为物质主义水平高者没有低者快乐。物质主义价值观与幸福感之间呈显著负相关(Deckop, Jurkiewicz, & Giacalone, 2010)。高水平物质主义者较少感受到积极情绪,但却较多感受到消极情绪(Christopher, Saliba, & Deadmarsh, 2009)。

Richins(2013)的研究发现,物质主义者的情感反应随购买阶段的不同而发生变化,购买前体验到较强的积极情感和较弱的消极情感,购买后积极情感水平明显下降,消极情感水平明显上升。李原(2014)的研究发现,高水平物质主义者体验到的正向情绪更少,相反体验到的负向情绪更高。李亚红和赵宝春(2016)的研究表明,物质主义价值观与购买后的积极情绪呈显著负相关,与购买后的消极情绪呈显著正相关。由此,本研究提出如下假设:

H1:物质主义价值观对满意度有负向预测作用;

H2a:物质主义价值观对积极情感有负向预测作用;

H2b:物质主义价值观对消极情感有正向预测作用。

在有关"黑暗人格"的研究中,马基雅维利主义人格备受学界关注。马基雅维利主义是一种操纵他人、不择手段、谋取利益的人格特质(汤舒俊、郭永玉,2010)。已有研究主要关注其黑暗面,发现马基雅维利主义人格与消费者欺骗行为呈显著正相关(Wirtz & Kum, 2014)。另外,马基雅维利主义人格与主观幸福感和满意度均呈显著负相关(Aghababaei & Błachnio, 2015; Gemmill & Heisler, 1972)。关于马基雅维利主义人格与情感之间的关系, 已有研究主要探讨了马基雅维利主义人格与积极情感(如"快乐"等)之间的关系。Egan (2014) 的研究表明, 积极情感与马基雅维利主义人格之间呈显著负相关。基于此, 本书提出以下假设:

H3: 马基雅维利主义人格对满意度有负向预测作用;

H4a: 马基雅维利主义人格对积极情感有负向预测作用;

H4b: 马基雅维利主义人格对消极情感有正向预测作用。

Day (1984) 将消费者满意度定义为对特定某次购买选择进行的评估和判断, 与消费者对某品牌或产品的态度有本质的差异。已有研究对消费者满意度和情感之间的关系进行了广泛研究, 认为满意度中包含情感。Westbrook (1987) 的研究发现, 消费情感可分为积极情感和消极情感两个相互独立的维度, 并且能够在消费者满意度中得到体现。White 和 Yu (2005) 研究发现情感在口碑中得到体现, 正面口碑与愉快、惊喜等积极情感呈显著正相关, 与愤怒、失望、后悔等消极情感呈显著负相关, 而抱怨行为与消极情感呈明显正相关。因此, 本研究提出以下假设:

H5a: 满意度在物质主义价值观与积极情感的关系中起中介作用;

H5b: 满意度在物质主义价值观与消极情感的关系中起中介作用;

H6a: 满意度在马基雅维利主义人格与积极情感的关系中起中介作用;

H6b: 满意度在马基雅维利主义人格与消极情感的关系中起中介作用。

三 研究方法

(一) 研究对象

采用滚雪球取样法, 通过在线平台进行数据收集。被试要求在最近一个月内有网络购物后发表在线评论的经历。问卷指导语强调认真作答、真实作答对本研究的重要性。共回收问卷671份,排除掉购买金额在10元以下或20000元以上以及社会期许性量表上得分高于5分的问卷103份,得到有效问卷568份,有效率为84.65%。其中男性162人(占28.52%),年龄在35岁以下者306人(占53.87%),单身者341人(占60.04%),每月网购次数1—4次者430人(占75.7%)。平均网购经验4.3±2.1年。本次购买商品种类频数排在前三位的依次是:服饰(48.3%)、鞋包(14.8%)和食品(10.1%),这与《2014年中国网络购物市场研究报告》中零售市场最活跃商品为服装鞋帽的情况基本一致。

(二) 研究工具

1. 物质主义价值观量表

该问卷共15个条目,分为三个维度,即财务成功、获取中心和获取快乐。采用5级评分,1=很不同意,2=不大同意,3=不确定,4=同意,5=非常同意。得分越高,表示物质主义价值观程度越高。本研究中该问卷的Cronbach's α系数是0.67,大于0.60。本研究中对物质主义价值观量表的验证性因素分析显示:$\chi^2/df = 261.11/72 = 3.63$,RMSEA = 0.068,CFI = 0.90,表明该问卷具有较好的结构效度(Richins,2004;李静、郭永玉,2009)。

2. 马基雅维利主义人格量表

该问卷用来测量个体与他人相处的一般策略以及对他人能否被操纵的评价,主要包含道德感、愤世嫉俗和操纵人际关系的风格等方面。在多个版本的马基雅维利主义人格量表中,Mach-Ⅳ量表的使用范围最广。因此,本研究选用了Mach-Ⅳ量表,包含20个条目,其中10个条目正向计分,10个条目反向计分。依据叶光辉(1983)对马基雅维利主义人格量表的修订结果,该问卷包含四个维度,分别为积极人际态度、消极人际态度、积极人性观和愤世人性观。采用李克特七级计分,被试按照每个条目陈述与自身相符合的程度进行选择,"完全不同意"计 1 分,"完全同意"计 7 分,不回答计 4 分。在已有研究中,多采用 Mach-Ⅳ量表总分作为马基雅维利主义人格水平的指标,将该量表每题的得分相加后得到总分,总分越高,表明个体的马基雅维利主义人格水平越强(Mach-Ⅳ, Christie & Geis, 1970)。本研究中该量表的 Cronbach's α 系数为 0.79。

3. 满意度问卷

该问卷测量内容同子研究 4,本书中该问卷的 Cronbach's α 系数是 0.86。

4. 在线评论情感倾向问卷

该问卷结构和测量内容同子研究 2,本书中积极情感和消极情感两个维度 Cronbach's α 系数分别是 0.88 和 0.95。

5. Marlowe-Crowne 社会称许量表简版

该量表是为了测量被试作答时可能存在的社会称许性,共有 10 个条目,采用 0、1 计分,被试回答"是"计 1 分,回答"否"计 0 分。被试得分越高,表示社会称许性越高(Strahan & Strahan, 1972;汪向东、王希林、马弘,1999)。

(三) 数据处理

采用 SPSS 19.0 和 Mplus 7.0 统计数据,进行描述统计、检验变量之间的相关分析,使用 Mplus 7.0 进行中介效应检验。

由于物质主义价值观量表和马基雅维利主义人格量表的各维度均满足单维性和同质特点,符合题目打包的条件(吴艳、温忠麟,2011)。在进行中介效应前对物质主义价值观量表和马基雅维利主义人格量表各维度进行打包,以新指标作为基础,采用 Mplus7.0 进行结构方程建模。

由于 Bootstrap 方法具有较高的统计效力,近年来被认为是最理想的中介效应检验方法(Hayes & Preachers, 2014)。因此,本研究采用

Bootstrap 方法进行数据统计分析，检验变量间的路径系数。

四 研究结果

（一）共同方法偏差检验

由于本研究中所有变量均由消费者作答，因此可能会存在共同方法偏差问题。根据周浩和龙立荣（2004）介绍的 Harman 单因素检验方法，本研究进行共同方法偏差检验。当把所有变量放到一个因素，进行探索性因子分析时，未旋转结果显示，变异解释率为 12.43%，小于 40%，表明本研究不存在明显的共同方法偏差问题。

（二）在线评论情感倾向的均值比较分析

配对 t 检验结果显示，积极情感得分高于消极情感得分（$p<0.001$）。

多元方差分析结果如表 4-5 所示，积极情感得分在性别上有显著性差异，男性明显高于女性（$p<0.01$）；消极情感得分在性别上没有显著性差异（$p>0.05$）。

表 4-5　　　　　在线评论情感倾向均值比较（M±SD）

变量	分类	积极情感	消极情感	备注
性别	男	5.27±0.85	2.43±1.37	
	女	4.96±1.03	2.59±1.32	
	F	11.65**	1.56	
年龄	（1）24 岁及以下	4.71±1.03	2.81±1.30	积极：1<2；1<3 消极：2<1；3<1
	（2）25—35 岁	5.44±0.75	2.16±1.29	
	（3）36 岁及以上	5.49±0.81	2.39±1.34	
	F	47.03**	14.65**	
家庭所在地	农村	5.35±0.81	2.19±1.29	
	城市	4.82±1.05	2.81±1.31	
	F	42.61**	31.39**	

续表

变量	分类	积极情感	消极情感	备注
月网购次数	(1) 4次及以下	5.03 ± 0.99	2.52 ± 1.33	
	(2) 4次以上	5.17 ± 0.98	2.58 ± 1.32	
	F	0.74	0.34	
商品类别	(1) 服饰	5.02 ± 1.01	2.52 ± 1.26	5>1；5>2；5>3；5>4；5>6
	(2) 鞋包	4.96 ± 1.02	2.54 ± 1.31	
	(3) 日化品	5.12 ± 0.78	2.88 ± 1.66	
	(4) 食品	5.12 ± 0.88	2.53 ± 1.33	
	(5) 电子产品	5.54 ± 0.76	2.42 ± 1.50	5>1；5>2；5>3；5>4；5>6
	(6) 图书及其他	4.82 ± 1.17	2.45 ± 1.34	
	F	3.06*	0.82	
婚姻状况	单身	4.75 ± 1.05	5.50 ± 0.68	
	已婚	2.78 ± 1.33	2.18 ± 1.27	
	F	89.71**	28.25**	

注：*$p<0.05$；**$p<0.01$。

积极情感、消极情感得分在年龄上均有显著性差异（$p<0.01$），24岁及以下消费者的积极情感得分显著低于其他年龄组（$p<0.01$），消极情感得分显著高于其他年龄组（$p<0.01$）。

农村家庭的消费者积极情感得分显著高于城市家庭消费者（$p<0.01$）；消极情感得分显著低于城市家庭消费者（$p<0.01$）。

积极情感得分在商品类别上存在显著性差异（$p<0.05$），在电子产品上的积极情感得分高于其他商品（$p<0.05$），消极情感得分没有显著性差异。

积极情感和消极情感得分在月网购次数上均无显著性差异（$p>0.05$）。

单身消费者发表的在线评论中积极情感和消极情感均显著高于已婚消费者（$p<0.01$）。

(三) 在线评论情感倾向、物质主义价值观和马基雅维利主义人格变量的相关性

表4-6列出了在线评论情感倾向、物质主义价值观和马基雅维利主义人格主要研究变量间的相关系数。研究结果显示，物质主义价值观与马基雅维利主义人格呈显著正相关（$p<0.05$），与满意度、积极情感呈显著负相关（$p<0.01$），与消极情感呈显著正相关（$p<0.01$）。马基雅维利主义人格与满意度和积极情感均为显著性负相关（$p<0.01$），与消极情感呈显著正相关（$p<0.01$）。满意度与积极情感呈显著正相关（$p<0.01$），与消极情感呈显著负相关（$p<0.01$）。积极情感与消极情感呈显著负相关（$p<0.01$）。

表4-6　　　　　　　　变量间的相关系数（r）

变量	$M \pm SD$	1	2	3	4	5
1. 物质主义价值观	4.80 ± 0.45	1				
2. 马基雅维利主义人格	69.18 ± 10.68	0.10*	1			
3. 满意度	5.38 ± 0.91	-0.25**	-0.21**	1		
4. 积极情感	5.05 ± 0.99	-0.28**	-0.17**	0.63**	1	
5. 消极情感	2.54 ± 1.34	0.16**	0.28**	-0.40**	-0.34**	1

注：* $p<0.05$；** $p<0.01$。

(四) 物质主义价值观、马基雅维利主义人格、在线评论情感倾向的作用效应和路径分析

变量的正态性检验结果显示，物质主义价值观、马基雅维利主义人格、满意度、积极情感和消极情感的峰度系数绝对值分别为1.74、0.31、1.29、1.21和0.08，均小于2，偏度系数分别为0.49、0.30、0.88、0.86和0.90，均小于7。以上研究结果表明，本研究中各主要变量的数据基本呈正态分布，不会导致参数估计偏差（王学民，2008）。

根据温忠麟和叶宝娟（2014）提出的中介效应检验步骤，第一步检验物质主义价值观、马基雅维利主义人格对积极情感和消极情感的直接作用。将物质主义价值观量表、马基雅维利主义人格量表按照维度进行打包后放入模型，$\chi^2/df = 3.35$，RMSEA = 0.064，CFI = 0.94，TLI = 0.93，表明模型拟合良好。物质主义价值观对积极情感的直接作用显著（$\beta = -0.21$，$p < 0.001$），对消极情感的直接作用也显著（$\beta = 0.26$，$p < 0.001$）；马基雅维利主义人格对积极情感的直接作用显著（$\beta = -0.38$，$p < 0.001$），对消极情感的直接作用也显著（$\beta = 0.16$，$p < 0.001$），可以进一步进行中介效应检验。

第二步，根据研究假设，将五个变量及其观测值同时代入结构方程模型，采用校正偏差 Bootstrap 方法进行中介效应估计。结果显示，$\chi^2/df = 759.49/265 = 2.87$，RMSEA = 0.057，CFI = 0.94，TLI = 0.93，表明该结构方程模型拟合良好，各指数均达到可以接受的水平。模型估计的路径系数见表 4-7 和图 4-4 所示。

表 4-7　物质主义价值观、马基雅维利主义人格和在线评论情感倾向的作用效应分析

间接效应	估计值	p
物质主义价值观→满意度→积极情感	-0.12	<0.01
马基雅维利主义人格→满意度→积极情感	-0.27	<0.01
物质主义价值观→满意度→消极情感	0.07	<0.01
马基雅维利主义人格→满意度→消极情感	0.17	<0.01
直接效应	估计值	p
物质主义价值观→积极情感	-0.08	0.12
马基雅维利主义人格→积极情感	-0.12	<0.05
物质主义价值观→消极情感	0.19	<0.01
马基雅维利主义人格→消极情感	0.00	0.94

物质主义价值观到积极情感的路径系数不显著（$p = 0.12$），物质主

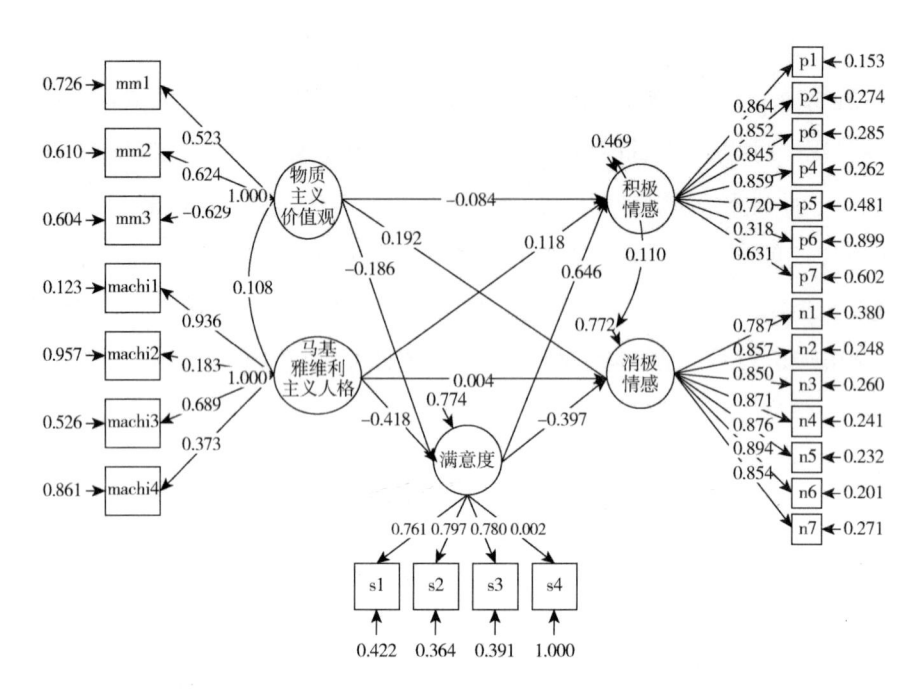

图4-4 物质主义价值观、马基雅维利主义人格和在线评论
情感倾向的作用路径分析

义价值观到满意度、满意度到积极情感的路径系数均显著（p<0.01），说明满意度在物质主义价值观和积极情感间起完全中介作用；物质主义价值观到消极情感的路径系数显著（p<0.01），且经过满意度到消极情感的间接效应显著（p<0.01），表明满意度在物质主义价值观和消极情感间起部分中介作用。

马基雅维利主义人格到积极情感的路径系数显著（p<0.05），马基雅维利主义人格到满意度、满意度到积极情感的路径系数均显著（p<0.01），说明满意度在马基雅维利主义人格和积极情感间起部分中介作用；马基雅维利主义人格到消极情感的路径系数不显著（p=0.94），但经过满意度对消极情感的间接效应显著（p<0.01），表明满意度在马基雅维利主义人格和消极情感之间起完全中介作用。

根据温忠麟和叶宝娟（2014）的方法，根据Mplus运行结果检测

ab 的 99% 置信区间，由第 0.5% 个百分位点和第 99.5% 个百分位点构成，如果置信区间不包含 0，则表示 ab 的乘积显著。本研究显示，物质主义价值观和积极情感中介效应 99% 置信区间为 [-0.80，-0.10]，物质主义和消极情感中介效应 99% 置信区间是 [0.07，0.60]。马基雅维利主义人格与积极情感中介效应 99% 置信区间为 [-0.38，-0.15]，马基雅维利主义人格与消极情感中介效应 99% 置信区间为 [0.10，0.32]。以上置信区间均不包括 0，因此中介效应均在 0.01 水平上显著。在物质主义价值观与消极情感的关系中，间接效应所占比例为 26.92%；马基雅维利主义人格与积极情感关系中，间接效应所占比例为 69.23%。

五 讨论

（一）物质主义价值观、马基雅维利主义人格对情感倾向的作用效应

本研究结果发现，在考虑了满意度中介作用的情况下，物质主义价值观对消费者在线评论中消极情感仍有直接影响作用，这与 Otero-López 和 Villardefrancos（2013）的研究结果相一致。Otero-López 和 Villardefrancos（2013）在对西班牙消费者进行研究时发现，物质主义价值观得分与消费者购买后的焦虑、沮丧等消极情绪有显著正相关，物质主义价值观水平正向预测焦虑、沮丧等消极情绪。

以往研究充分表明，物质主义生活方式会削弱个体的幸福感（Sirgy, et al., 2011），在中国文化环境下，物质主义也是个体应对存在不安全感的一种策略（王予灵、李静、郭永玉，2016）。高水平物质主义者的典型特征是追求和拥有财富，Kasser 和 Ryan（1996）的研究发现，获得金钱、拥有物质等外在目标可以预测沮丧等消极情绪。究其原因，高水平物质主义者过分追求物质目标，而不重视对其幸福感等有益目标的追求。高水平物质主义者在购买前对产品或服务有较高期待，产品或服务激发起较高的积极情绪体验，但购买后积极情绪明显下降，消极情

绪明显上升。另一方面，低水平物质主义者在购买前后没有明显的情绪波动变化（Richins，2013）。因此，与低水平物质主义者相比，高水平物质主义者在网络购物后会体会到更高的消极情感。

本研究发现，满意度在马基雅维利主义人格与积极情感之间的中介作用得到了有效验证，但马基雅维利主义人格仍然对积极情感有直接作用。马基雅维利主义人格这一人格特质的典型特征是人际间操控、特殊的情感以及社会认知模式（Syrina, Arnaud, Carole, Jean-Yves, & Chrystel, 2013），马基雅维利主义人格与共情呈显著负相关，与焦虑、郁闷等消极情绪也呈显著负相关。消费心理学领域对马基雅维利主义人格的关注主要聚焦于消费伦理问题研究。已有研究发现，马基雅维利主义人格与欺骗行为呈高度相关性（Wirtz & Kum，2004）。因此，由于缺乏共情能力，马基雅维利主义者可能难以考虑到商家的感受和利益。当需要表达不满时，与低水平马基雅维利主义者相比，高水平马基雅维利主义者的在线评论中会有更多的消极情感。

由此可见，高水平物质主义者追逐物质与财富，难以满足自身的内在需要，购买后会对产品或服务产生更多的失望和焦虑。由于焦虑和郁闷等消极情绪是马基雅维利主义人格特质的情感核心，对于相同的购买情境，高水平马基雅维利主义者更容易发表包含消极情感倾向的在线评论。

（二）物质主义价值观、马基雅维利主义人格对情感倾向的作用路径

本研究结果表明，满意度在物质主义价值观与在线评论情感倾向之间以及马基雅维利主义人格与在线评论情感倾向之间发挥中介作用。

物质主义价值观与满意度的关系已引起相关学科的广泛关注。一般认为，物质主义价值观与生活满意度呈明显负相关（Wright & Laren，1993）。消费心理学的研究进一步证实，物质主义价值观与商品满意度之间呈显著负相关，尤其是当商品有较强的社会地位符号时更是如此（Wang & Wallendorf，2006）。Richins（2013）提出，满意度可能在购买期待和消费情绪的关系中发挥中介作用。本研究结果发现，物质主义价值观通过购买后的满意度对在线评论中的情感倾向产生影响作用，这与 Richins（2013）的研究结果相一致。由期望不一致理论（Expectancy-disconfirmation Theory）可知，顾客满意是对购买前期望与购买后实际之间的差距进行评价的结果（张跃先、马钦海、刘汝萍，2010）。已有研究证实，物质主义水平与购买前的期待呈正相关（李亚红、赵宝春，2016），高期待容易导致较高的心理落差，从而引起消费者的满意度明显降低。高水平物质主义消费者发表在线评论时，会表达出更多的消极情感，以及更低水平的积极情感。

马基雅维利主义人格对满意度作用的研究主要集中在组织行为学领域。已有研究表明，马基雅维利主义人格与工作满意度之间呈显著负相关（Bakir, et al., 2003；赵君、廖建桥，2013）。本研究进一步验证了马基雅维利主义人格和满意度之间的关系。由于马基雅维利主义者漠视道德，期望能对他人有更多的控制，在消费过程中很难达到满意，购买后满意度相对较低。由于马基雅维利主义人格与外控感呈显著相关性（Comer, 1985），因此，高水平马基雅维利主义者在对不满意的原因进行归因时，更容易形成外部归因，对商家、产品和服务产生较多的消极情绪。

由此可见，消费者价值观和人格特质会对在线评论情感倾向产生影响，这一研究结果提示，电商平台在对在线评论进行管理时，应该根据消费者价值观和人格特质制定细化的管理策略。

第四节 子研究6 消费者满意度对在线评论情感倾向的影响：共情的调节作用

一 研究目的

探究不同满意度水平下的个体，共情是否在满意度与在线评论情感倾向的关系中起到调节作用，以进一步补充和完善消费心理学的理论研究。

二 研究假设

进入21世纪以来，随着互联网技术的飞速发展，网络购物迅猛发展，已经成为当代人的一种新的购物方式和生活习惯。在线评论是网络购物发展下的产物，对消费者网络购物时商品感知、购买决定等都产生了很重要的影响。在以往的研究中，对在线评论的研究主要是探究消费者给出的在线评论对于其他接受信息的主体的影响关系，但是缺乏对在线评论产生机制和影响因素的探索。

通过对身边经常网上购物的人员的观察和深度访谈，发现男女生在网购时存在很大的差异，不管是对消费的满意度，还是查看、填写在线评论等各个环节，都存在较大差异性。因此，有必要将性别作为人口统计学变量一个重要因素，探求其在共情、消费者满意度、在线评论情感倾向上是否具有差异性。

共情有利于产生利他、助人等行为，因此一般情况下，消费者会因为利他主义、情感分享、参与网络互动等因素在网购后发表在线评论，从而为其他的在线消费者提供产品及服务的参考信息。而在线评论情感倾向作为在线评论内容的重要维度之一，高共情水平的消费者是否在评论中表达出更强烈的情感呢，本书要探讨共情与在线评论情感倾向的关系。

满意度是消费者购买商品后的实际感受，体现了消费者对购买过程和结果的主观倾向性，这种购买体验对在线评论情感倾向有明显的影响。本书将引入共情为调节变量，探究满意度对在线评论情感倾向的影响关系，并作出以下假设：

H1：共情、满意度、在线评论情感倾向在性别上存在显著差异；

H2：满意度与在线评论情感倾向、满意度与共情、在线评论情感倾向与共情之间均呈显著相关关系；

H3：共情在满意度对在线评论情感倾向的影响中起调节作用。

三 研究方法

(一) 研究对象

选取武汉市各大高校的被试,通过随机抽样的方法,要求被试回忆最近某次发表过在线评论的网购经历,并回答问卷相关问题。问卷指导语强调认真作答、真实作答对本研究的重要性。

本研究共发放了 243 份问卷,包括网上问卷和纸质问卷,剔除无效问卷 13 份,其中有效问卷 230 份,有效回收率为 95%。

(二) 研究工具

1. 共情的测量

Davis (1980) 编制的《人际反应指针》(Interpersonal Reactivity Index, IRI) 是一个测量共情的多维问卷。总共有 28 个题项,其中包括同情关心、观点采择、个人痛苦、想象力 4 个分量表,采用李克特五级计分法。《人际反应指针》是目前引入我国的运用最广泛的共情测量工具。我国学者修订了《人际反应指针》中文版 (詹志禹,1987),将问卷缩减为 22 个项目,4 个分问卷,即同情关心 (EC),观点采择 (PT)、个人痛苦 (PD)、想象力 (FS)。同情关心 (EC),指个体对他人温暖、关心、同情的程度。观点采择 (PT),指个体自发地站在其他人角度看问题的倾向。个人痛苦 (PD),指个体看到其他人遭遇消极生活事件时,产生的不安、焦虑和恐惧程度;想象力 (FS),指个体觉察戏剧、小说、电影和其他虚构情景中特点的倾向性。其中 PT 维度用于衡量个体的认知调节能力,而 FS、EC、PD 三个维度用于衡量个体的情感共享能力。

信效度检验:总问卷的 Cronbach's α (克隆巴赫信度) 系数为 0.751,分半信度为 0.725,各因子的 Cronbach's α 系数在 0.583—0.714,分半信度在 0.515—0.646,表明信度指标良好。结构效度检验采用验证性因素分析来进行,问卷的结构效度良好。

2. 满意度测量

满意度问卷是在购物满意度问卷（Augusto de Matos，Vargas Rossi，Teixeira Veiga & Afonso Vieira，2009）基础上修订而来。购物满意度原始问卷是基于欧洲顾客满意度指数（ECSI）模型而编制的，用来测量消费者在某次特定消费之后的满意程度。问卷有四个条目，内容包括对购买决策结果优劣的判断、对商家服务的体验等，例如，"对于本次购买决定，您的评价是？"选项从"非常糟糕"至"非常完美"。采用李克特七级计分法，数字越大，表示该条目描述的内容越符合自己。已有研究显示，该问卷具有良好的内部一致性和区分效度（Fu，Ju & Hsu，2015）。在本研究中，问卷的Cronbach's α系数为0.80，表明问卷具有良好的内部一致性信度。问卷的均方根为0.79，大于满意度与其他变量之间的平方根，说明问卷具有较好的判别效度。

3. 在线评论情感倾向测量

在线评论情感倾向问卷的结构和测量内容同子研究2。本研究中该问卷具有较好的结构效度：$\chi^2/df = 278.24/75 = 3.71$，RMSEA = 0.069，CFI = 0.97，TLI = 0.96。该问卷的Cronbach's α系数为0.82，AVE值平方根均大于积极情感和消极情感与其他变量间的相关系数。本研究中积极情感和消极情感问卷的Cronbach's α系数分别为0.89和0.96；各主要变量的AVE值平方根均大于0.50，且各值AVE值平方根均大于所在列变量间的相关系数，表明本研究中该问卷具有较好的区分效度。

（三）数据处理

首先，将收集到的数据采用SPSS 17.0对数据进行录入和统计处理，所用到的具体统计分析方法有描述性统计、t检验、相关分析等。其次，进行信度和效度的检验。最后，运用单因素方差分析、线性回归分析、中介效应检验和调节效应检验等方法对假设分别进行检验，以验证假设是否成立。

四 研究结果

（一）描述性统计

问卷被试的基本情况如表4-8所示。

表4-8　　　　　　　　被试基本情况（N=230）

被试类型		N	占比（%）
性别	男	75	32.6
	女	155	67.4
年龄	16—20岁	70	30.4
	21—25岁	147	63.9
	26—30岁	7	3.0
	30岁以上	6	2.7
平均每个月花在网购上的费用	100元以内	25	10.9
	100—300元	66	28.7
	301—500元	70	30.4
	501—1000元	41	17.8
	1000元以上	28	12.2
当消费者发表在线评论时更多地考虑消费者的因素	消费者的因素	192	83.5
	商家的因素	38	16.5
消费者网购的商品	服饰	97	42.2
	鞋包	24	10.4
	日化品	7	3.1
	食品	21	9.1
	电子商品	20	8.7
	图书	18	7.8
	其他	43	18.7
网购商品用途	自用	220	95.7
	礼品送人	10	4.3

续表

被试类型		N	占比（%）
在线购买商品的支付方式	在线支付	206	89.6
	货到付款	3	1.3
	信贷（花呗、白条）	21	9.1
民族	汉族	100	43.5
	少数民族	130	56.5

（二）共情、满意度、在线评论情感倾向在性别上的差异性分析

为检验共情及其各个维度在性别上是否存在差异，对其做独立样本 t 检验，结果见表 4-9。

表 4-9　　　　共情及其各个维度在性别上的差异（M±SD）

	男（n=75）	女（n=155）	t
共情	3.35±0.46	3.52±0.49	-2.49*
观点采择	3.61±0.74	3.55±0.75	0.57
个人痛苦	2.93±0.98	3.08±0.95	-1.11
想象力	3.32±0.58	3.65±0.66	-3.66***
同情关心	3.52±0.55	3.73±0.56	-2.74**

注：*$p<0.05$，**$p<0.01$，***$p<0.001$。

由表 4-9 可知：

（1）男女在共情上有显著性差异（t=-2.49，$p<0.05$），女性得分（M=3.52）显著高于男性（M=3.35）。

（2）男女在想象力上有显著性差异（t=-3.66，$p<0.001$），女性得分（M=3.65）显著高于男性（M=3.32）。

（3）男女在同情关心上有显著性差异（t=-2.74，$p<0.01$），女性得分（M=3.73）显著高于男性（M=3.52）。

（4）男女在观点采择、个人痛苦上不存在显著性差异（t=0.57，$p>0.05$；t=-1.11，$p>0.05$）。

为检验在线评论情感倾向的各个维度及消费者满意度在性别上是否存在差异，对其做独立样本 t 检验，结果见表 4-10。

表 4-10　在线评论情感倾向的各个维度及消费者满意度在性别上的差异（M±SD）

	男（n=75）	女（n=155）	t
在线评论情感倾向	3.94±0.97	3.84±0.89	0.77
积极情感	4.86±1.21	5.06±1.19	-1.18
消极情感	3.01±1.54	2.61±1.47	1.90
满意度	5.44±1.37	5.44±1.27	-0.02

由表 4-10 可知：

（1）男女在在线评论情感倾向上不存在显著差异（t=0.77，p>0.05），其中，在积极情感上不存在显著性差异（t=-1.18，p>0.05），在消极情感上同样不存在显著性差异（t=1.90，p>0.05）。

（2）男女在满意度上不存在显著性差异（t=-0.02，p>0.05）。

（三）满意度、在线评论情感倾向和共情的相关分析

为探讨满意度与在线评论情感倾向、共情的关系，将在线评论情感倾向和共情的各个维度与满意度进行 Person 相关分析。

表 4-11　满意度与在线评论情感倾向各个维度、共情各个维度的相关分析

	1	2	3	4	5	6	7
满意度	0.70**	-0.12	0.15*	0.10	0.15*	0.04	0.11
1. 积极情感		-0.09	0.20**	0.24**	0.24**	0.19**	0.20**
2. 消极情感			0.13*	0.27**	0.20**	0.33**	0.31**
3. 观点采择				0.61**	0.54**	0.48**	0.77**
4. 想象力					0.65**	0.69**	0.90**
5. 同情关心						0.53**	0.75**
6. 个人痛苦							0.85**

续表

	1	2	3	4	5	6	7
7. 共情总分							1

注：*p<0.05，**p<0.01。

由表4-11可知：

(1) 满意度与积极情感存在着显著的正相关（r=0.70，p<0.01），与消极情感之间不存在显著性相关（r=-0.12，p>0.05）。

(2) 满意度与共情总分不存在显著性相关（r=0.11，p>0.05）。其中满意度与观点采择和同情关心呈显著的正相关（r=0.77，p<0.01；r=0.75，p<0.01），与个人痛苦、想象力不存在显著性相关（r=0.85，p>0.01；r=0.90，p>0.01）。

(3) 积极情感与观点采择存在显著的正相关（r=0.20，p<0.01），与想象力存在显著的正相关（r=0.24，p<0.01），与个人痛苦存在显著的正相关（r=0.19，p<0.01）；与同情关心存在显著的正相关（r=0.24，p<0.01），与共情总分呈显著的正相关（r=0.20，p<0.01）。

(4) 消极情感与观点采择存在显著的正相关（r=0.13，p<0.05），与个人痛苦存在显著的正相关（r=0.33，p<0.001），与同情关心存在显著的正相关（r=0.20，p<0.001），与想象力存在显著的正相关（r=0.27，p>0.01），与共情总分呈显著的正相关（r=0.31，p<0.01）。

(5) 观点采择与个人痛苦存在显著的正相关（r=0.48，p<0.01），与想象力存在显著的正相关（r=0.61，p<0.01）；与同情关心存在显著的正相关（r=0.54，p<0.01）。

(6) 个人痛苦与想象力存在显著的正相关（r=0.69，p<0.01）；与同情关心存在显著的正相关（r=0.53，p<0.01）。

(7) 想象力与同情关心存在显著的正相关（r=0.65，p<0.01）。

(四) 共情在满意度和情感倾向关系中的调节效应检验

共情在满意度和积极情感关系中的调节效应检验结果如表 4-12 所示:

表 4-12　　共情在满意度和积极情感关系中的调节效应检验

自变量	积极情感			
	模型1 (β)	VIF	模型2 (β)	VIF
满意度	0.68***	1.01	0.68***	1.04
共情	0.14**	1.01	0.17**	1.04
满意度×共情			-0.05	1.03
R^2	0.51***		0.51	
ΔR^2	0.51***		0.00	
ΔF	119.68***		1.12	

注: **$p<0.01$, ***$p<0.001$。

由表 4-12 可知,共情在满意度与积极情感之间调节效应不显著 ($\beta=-0.05$, $p>0.05$)。

共情在满意度和消极情感关系中的调节效应检验结果如表 4-13 所示:

表 4-13　　共情在满意度和消极情感关系中的调节效应检验

自变量	消极情感			
	模型1 (β)	VIF	模型2 (β)	VIF
满意度	-0.16*	1.01	-0.19*	1.04
共情	0.33**	1.01	0.33**	1.01
满意度×共情			0.19**	1.03
R^2	0.11**		0.14**	
ΔR^2	0.11**		0.03	
ΔF	15.52**		9.02**	

注: *$p<0.05$, **$p<0.01$。

由表4-13可知,共情在满意度与消极情感之间调节效应显著(β = 0.19,p < 0.01)。

即:满意度得分越低,发表的评论中消极情感水平越高,共情能力起调节作用,增强了满意度对消极情感的影响。

表4-14　　　观点采择在满意度和消极情感关系中的调节效应检验

自变量	消极情感			
	模型1(β)	VIF	模型2(β)	VIF
满意度	-0.15*	1.02	-0.16*	1.04
观点采择	0.16*	1.02	0.16*	1.03
满意度×观点采择			0.14*	1.01
R^2	0.04*		0.06*	
ΔR^2	0.04*		0.02	
ΔF	4.61*		4.87*	

注:* p < 0.05。

表4-15　　想象力在满意度和消极情感关系中的调节效应检验

自变量	消极情感倾向			
	模型1(β)	VIF	模型2(β)	VIF
满意度	-0.17**	1.01	-0.19**	1.03
想象力	0.29**	1.01	0.28**	1.01
满意度×想象力			0.15*	1.03
R^2	0.10*		0.12*	
ΔR^2	0.10*		0.02	
ΔF	12.60**		5.44*	

注:* p < 0.05,** p < 0.01。

由表4-14和表4-15可知,观点采择和想象力在满意度与消极情感的关系中起调节作用。

五 讨论

(一) 共情、满意度、在线评论情感倾向在性别上的差异性分析

1. 共情及其各个维度在性别上的差异性分析

通过独立样本 t 检验的分析发现：性别在共情上有显著性差异，并且女性得分显著高于男性得分。Eisenberg 等研究者早在 1983 年就运用多种同理心测量问卷，测出共情在性别上存在显著差异的结论。本研究的结论与国内对共情的性别差异研究结论相一致（颜志强、苏彦捷，2018）。

根据生物学基础，人类大脑中控制情绪反应的区域主要是杏仁核。Rueckert、Branch 和 Doan（2011）的研究发现，在完成和共情相关的情绪性判断任务时，女性被试杏仁核的激活程度显著比男性被试的激活程度高。从社会文化的角度上看，因为社会环境对男性和女性有着不同的性别角色要求和期待，比如女性应该体贴温柔，男性应该坚强勇敢等，且这种社会期待具有跨文化的一致性。从职业的性别分工上看，女性较多从事如护士、教育者、社会工作者等职业，职业要求她们经常关心、爱护他人，站在对方的角度思考问题。这些都使得女性比男性有更高的共情能力。

同时，此研究还得出了性别在共情中的想象力和同情关心这两个子维度上存在显著性差异，在这两个维度上，女性被试的得分均明显高于男性被试。

从文献综述分析中发现，前人的大多研究表明，在共情的四个组成部分中，只有同情关心这一部分存在显著的性别差异。本研究的结论与前人的研究结果略有不同。同情关心表示的是个体对其他人情绪的反应，属于一种情绪共情，表明性别在情绪共情上的差异可能与其在情绪反应性上的不同相关（Rueckert，Branch & Doan，2011）。另一方面，

通过对本书数据的分析，认为本研究的结论差异可能是男性和女性被试数量的差异所致，本研究被试中，75 名为男性，155 名为女性，存在一定数量的差异。希望在今后的研究中，选取被试时注意控制男女受试者的比例，以获得更加科学、更加严谨的结果。

2. 在线评论情感倾向、满意度在性别上的差异性分析

通过独立样本 t 检验的分析发现：男性和女性在在线评论情感倾向、满意度两个维度上均不存在差异。

从对前人研究的分析和总结来看，网络购物在线评论情感倾向主要是指消费者在网络购物后，通过文字内容对所购产品及其服务进行的评价，由此来表现消费者内心对其的喜恶态度，这种态度包括积极情感和消极情感。而满意度是指消费者对于其需要得到满足后产生的一种心理反应，是消费者购买并使用商品后对其商品和服务满足自身需要的程度进行判断的结果。消费者会依据自身一些标准，如期望、需要、理想、感知的公平性等各种标准，对商品或服务进行评估。如果符合消费者标准的产品或服务，能让消费者感到满意；如果不符合消费者标准的产品或服务，就不能让消费者感到满意。

因此，在线评论情感倾向和满意度都只与本次消费经历和服务体验有关，而性别不是主要影响因素。

（二）满意度、在线评论情感倾向和共情的相关分析

1. 满意度与在线评论情感倾向的相关分析

通过相关分析发现，满意度与积极情感存在着显著的正相关，但与消极情感不存在显著性相关。

满意度是指消费者对购买的产品及其服务是否达到期望标准的总体感受。郭凯强、王洪伟（2014）认为，满意度是影响消费者在线发表积极评论的第一要素。近些年，相关领域的研究者对满意度和在线评论情感倾向的关系进行了大量的研究。施娜（2011）对满意度与积极情感之间的关系进行了考察，并且得出满意度对积极情感的影响强度呈现

递增趋势。

究其原因，可能是满意度对消费者的情感产生直接的影响，满意度高，产品和服务能够满足消费者的预期和标准，会产生高兴、愉悦、满足等积极情感，进而影响了发表在线评论的情感倾向。但是，满意度低，购买的产品和服务的用户体验差，消费者不仅会产生消极情感，还可能对自我价值进行保护，不愿承认自己的决策和判断失误，而不做或少做相应的消极情感的评价。

2. 满意度与共情的相关分析

通过相关分析发现，满意度与共情不存在显著的相关关系。在共情的四个子维度中，满意度与观点采择和同情关心这两个维度呈显著正相关，而与个人痛苦、想象力这两个维度均不存在显著性相关。

通过对共情的研究，我们知道共情能力是指个体能够识别、理解和回应他人情感和情感状态的能力，并从而产生与他人相一致的情感体验和行为反应能力，这是保持积极人际关系的一个重要社会性动机。拥有较强共情能力的个体能够通过交流对象透露出的言语信息和非言语信息，比较准确地感知对方的欲望与需求，并能够设身处地地去理解对方的情感，维护对方的利益和尊严。

因此，作为消费者，购买产品和服务时，如果有较好的同情关心能力，特别是拥有站在他人的角度看问题，即使遇到与预期不太相符的情况，也能理解卖家的做法和动机，就较容易获得较高满意度。

3. 共情能力与在线评论情感倾向的相关分析

通过相关分析发现，在共情能力的四个子维度中，观点采择、想象力、同情关心和个人痛苦对在线评论积极情感和消极情感均有显著正相关。

当消费者拥有较强的观点采择能力、同情关心能力时，就会相应地对在线评论情感倾向有所增强，不论是积极情感还是消极情感，都会倾向于这两个维度的极端。

同时，本研究还得出，在共情的四个子维度与消极情感之间存在显著的负相关。也就是说，消费者对企业和商家关心和同情程度较强，其发表在线评论时的消极情感会减弱。

（三）共情在满意度和在线评论情感倾向关系中的调节效应检验

本研究的分析结论是，共情在满意度与积极情感之间不存在调节作用，但是，与消极情感之间存在调节作用。

根据前人的研究，满意度是影响消费者在线评论情感倾向的重要因素（Zeelenberg & Pieters，2004）。杜伟强和于春玲（2009）研究中发现满意度越高，消费者在线评论中的积极情感水平越高、消极情感水平越低。

在本研究中，共情在满意度对积极情感的作用中没有显著的调节作用，但在满意度对消极情感的作用中有显著的调节作用。其可能的原因是，作为消费者，当对产品满意度低时，共情水平越高，越希望通过发表在线评论去提醒其他消费者。因此，共情增强了满意度与消极情感之间的关系。

第五章 在线评论情感倾向对后续评论意愿的影响机制

第一节 子研究7 在线评论情感倾向对后续评论意愿的影响

一 研究目的

基于计划行为理论,系统揭示在线评论情感倾向影响后续评论意愿的作用效应及路径。

二 研究假设

已有研究利用计划行为理论阐明在线评论的产生机制。Singh 和 Wilkes（1996）对消费者的抱怨行为进行研究,发现消费者的抱怨行为具有目的性。消费者在发表评论前会考虑发表的后果和影响作用,然后决定是否发表在线评论。对抱怨行为的进一步研究发现,消费者对抱怨的态度会对抱怨行为产生显著的影响（Hansen, Samuelsen & Andreassen, 2011）。Robert（2000）的研究表明,主观规范对消费者抱怨意向有显著的预测作用。感知行为控制影响消费者抱怨态度也得到了有效的验证（Bodey & Grace，2013）。由此可见，采用计划行为理论解释消费者发表在线评论行为是合理的。

消费者在线评论态度是指消费者认为发表在线评论是"好的"还是"恶的"，而不包含对特定消费过程的满意度。因此，本研究中通过测量消费者对在线评论结果以及对结果期待的信念来衡量消费者对在线评论的态度。Sari 和 Phau（2004）对印度尼西亚消费者抱怨行为的研究发现，如果消费者对抱怨行为持有积极态度，认为抱怨是合适的，那么消费者将更容易出现抱怨行为。因此，对在线发表评论持有正面态度的消费者更可能在线发表评论；与之相反，对在线评论持有负面态度的消费者在线发表评论的可能性相对较小。由此，本研究提出以下假设。

H1：消费者在线评论的态度对后续评论意愿有正向预测作用。

主观规范表示影响行为的社会压力，具体是指重要他人是否认为应该进行某种行为。Chu 和 Kim（2011）的研究表明，主观规范是影响在线口碑发表的重要因素。如果消费者认为自己发表在线评论可能暴露个人信息，消费者将更愿意在线下分享自己的购买体验，从而避免在线发表评论（Riivits，2013）。基于此，本研究提出以下假设：

H2：主观规范对消费者后续评论意愿有正向预测作用。

感知行为控制是指消费者感受到的发表在线评论的难易程度。如果消费者感受到自己有较多机会，并且有发表在线评论的能力和资源，其感受到对发表在线评论的控制感就会越强。Ajzen 和 Driver（1991）对参与休闲活动行为的追踪研究表明，感知行为控制对一年后的休闲活动参与度有正向的预测作用。由此，本研究提出以下假设：

H3：感知行为控制对消费者后续评论意愿有正向预测作用。

由于计划行为理论中态度、主观规范和感知行为控制均基于认知信念，该模型对情感因素与行为之间关系的关注非常有限（Zanna & Rempel，1988）。Batra 和 Ahtola（1991）提出，态度不仅包括认知成分，也包括情感成分。在消费心理学领域，有学者尝试把情感因素引入计划行为理论，明显提高了该理论的解释力（Bae，2008）。已有研究对情绪和行为意向的关系进行了广泛探索。Liao 和 Chen 等（2007）对消费者在线服务消费的研究发现，消费者体验的满意度和感知有用性、主观规范水平决定了其购买的持续性。Paulus 和 Yu（2012）对情绪与决策关系的分析研究表明，在目标导向的行为中，情绪是影响信念的一个关键因素。Mcdougall 早在 1921 年就提出信念是一种衍生的情绪。Hooley 和 Campbell（2002）对情绪表达的研究发现，情绪表达可以促进个体的控制感。那么，消费者本次评论的情感倾向是否作为信念因素影响后续评论意愿呢？因此，本研究提出以下假设：

H4：在线评论中的积极情感对后续评论意愿有正向预测作用；

H5：在线评论中的消极情感对后续评论意愿有正向预测作用；

H6：消费者在线评论态度、主观规范、感知行为控制在积极情感和后续评论意愿间起中介作用；

H7：消费者在线评论的态度、主观规范、感知行为控制在消极情感与后续评论意愿间起中介作用。

三 研究方法

（一）研究对象

采用方便取样法，在湖北、河南、广西、北京、湖南、内蒙古、广东、浙江 8 个省区市进行问卷调查，要求被试有近一个月网络购物并发表在线评论的经历。被试填完和提交问卷后参加红包抽奖，可以获得 1—5 元价值随机的微信红包；或赠送被试价值 3—5 元的小礼品。共回收问卷 450 份，筛选掉网购花费在 10 元以下或 20000 元以上的问卷 65 份，有效问卷 385 份，有效率为 85.6%。其中，男性 125 名，女性 260

名；24 岁及以下者 225 名，25—35 岁 100 名，36 岁及以上者 60 名；单身者 245 名，已婚者 140 名；城市出生者 248 名，农村出生者 137 名；每月网购次数 4 次及以下者 308 名，4 次以上者 77 名。平均网购经验 4.1±2.3 年。本次调查中被试购买商品种类频数排在前三位的依次是：服饰（46.9%）、鞋包（15.2%）和食品（11.3%）。

（二）研究工具

以 Ajzen（2011）的计划行为理论问卷编制规范为指导，参考已有研究（Kim, Reicks, & Sjoberg, 2003; Liao, Chen & Yen, 2007）中的计划行为理论核心变量的测量问卷，结合本研究的具体问题，编制以下测量问卷。

1. 在线评论态度问卷

根据 Ajzen 对态度的界定，态度包括对行为的认知和对行为的情感反应两个方面。本问卷对态度的两方面分别进行了测量，包括对行为的认知题目，如"您认为网购后发表在线评论是（无意义的/有意义的）"等。测量对行为的情感反应的题目，如"您认为网购后发表在线评论是（不快乐的/快乐的）"等。该问卷包含 5 个条目，采用语义微分量表 7 点计分，分别记为 1—7 分。问卷的 Cronbach's α 系数为 0.91。

2. 在线评论主观规范问卷

在线评论主观规范问卷包括对主观规范的描述和认同，共有 4 个条目，采用语义微分量表 7 点计分，主要考察被试知觉到的网络购物后发表在线评论的社会压力，如"我欣赏和敬重的人，对于我网购后发表在线评论会表示（完全反对/完全赞同）"等。该问卷采用语义微分量表 7 点计分，分别记为 1—7 分。问卷的 Cronbach's α 系数为 0.92。

3. 在线评论感知行为控制问卷

感知行为控制是指被试知觉到的发表在线评论的难易程度，包括控制信念和知觉强度两方面，控制信念是指个体知觉到的促进或阻碍网购后发表在线评论的因素,知觉强度是指知觉到的因素对在线评论行为的影响程度。问卷共有 4 个条目,如"今后网购后是否发表在线评论,完全在我的控制之下(完全错误/完全正确)"等。该问卷采用语义微分量表 7 点计分,分别记为 1—7 分。问卷的 Cronbach's α 系数为 0.87。

4. 在线评论行为意向问卷

行为意向是对消费者未来网络购物后发表在线评论意愿的测量。在线评论行为意向问卷共有 3 个条目,如"今后一段时间网购后,我想发表在线评论(完全错误/完全正确)"等。该问卷采用语义微分量表 7 点计分,分别记为 1—7 分。问卷的 Cronbach's α 系数为 0.86。

在正式研究开始前,以某高校 200 名大学生被测以上各问卷。运用 Mplus7.0 软件,对计划行为理论的核心变量进行验证性因素分析。验证性因素分析结果如图 5-1 所示。所有外显变量对潜变量的标准化估计参数都具有显著性水平,Chi-Square = 217.37,df = 97,RMSEA = 0.079,小于 0.08。模型的绝对拟合指数 χ^2/df = 217.37/97 = 2.24 < 5,AIC = 8768.91,BIC = 8950.32,CFI = 0.96,TLI = 0.95,均大于 0.90。结果表明,该计划行为理论核心变量的验证性因素分析模型拟合较好。

5. 在线评论情感倾向问卷

该问卷测量结构和内容结构同子研究 2。本研究中积极情感和消极情感问卷的 Cronbach's α 系数分别为 0.89 和 0.96;各主要变量的 AVE 平方根均大于 0.50,且各 AVE 值平方根均大于所在列变量间的相关系数,表明本研究中该问卷具有较好的区分效度。

对 14 名应用心理学专业本科学生进行问卷调查培训,培训时间为 2.5 小时。由以上 14 名学生担任主试,采用一对一的形式进行问卷调查。

(三) 数据处理

采用 SPSS19.0 和 Mplus7.0 进行数据统计和分析。由于 Bootstrap 检验中介效应的统计效力较强,本研究对各变量间的关系采用 Bootstrap 进行检验。

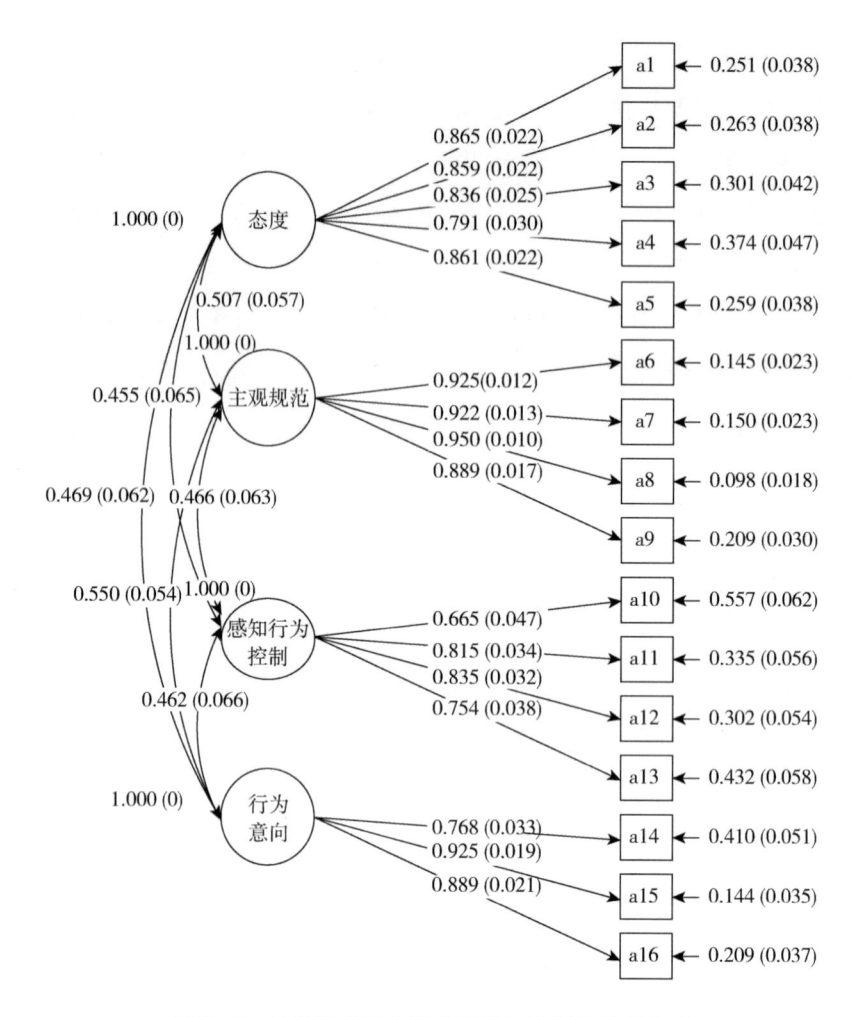

图 5-1 计划行为理论核心变量的验证性因素分析

四 研究结果

(一) 共同方法偏差检验

本研究采用不可测量潜在方法因子效应控制法，检验可能存在的共同方法偏差问题。该方法既允许每个测量题目负荷在各自的理论维度上，也允许所有测量题目负荷在一个潜在公共方法变异因子上。如果包含公共方法变异因子模型的拟合程度明显好于没有公共方法变异因子的模型,那么各变量间存在严重的共同方法偏差(谢宝国、龙立荣,2008)。各模型的验证性因素分析结果如表5-1所示。

表5-1 单维因素模型、六维因素模型和七维因素模型拟合指数的比较

模型	χ^2	df	χ^2/df	RMSEA	CFI	TLI
单维因素	6172.18	405	15.24	0.19	0.40	0.36
六维因素	838.69	390	2.15	0.055	0.95	0.95
七维因素	913.05	457	2.89	0.061	0.92	0.91

单维因素模型的各拟合指数表明,各个变量间不存在明显的共同方法偏差。当在六维因素模型中加入一个共同方法变异因子后,模型的卡方量并没有得到显著的改变($\chi^2=74.36$,df=67,p>0.05),表明在模型中加入共同方法变异因子后,并没有显著改善模型的拟合程度。结果表明,本研究不存在明显的共同方法偏差问题。

(二) 在线评论情感倾向、后续评论意愿和计划行为理论核心变量的相关性

本研究中分析了在线评论情感倾向、后续评论意愿和计划行为理论核心变量间的相关性,结果如表5-2所示。积极情感与态度、主观规范、感知行为控制和后续评论意愿间均呈显著正相关(p<0.01);消极情感与态度、主观规范和感知行为控制和后续评论意愿均呈显著负相关(p<0.01)。消费者在态度与主观规范、感知行为控制和后续评论意愿四变量中任何两个变量间均呈显著正相关(p<0.01)。

表5-2 变量间的相关系数(r)

	$M \pm SD$	1	2	3	4	5	6
1. 积极情感	5.04±1.05	(0.80)					
2. 消极情感	2.64±1.48	-0.25**	(0.91)				

续表

	$M \pm SD$	1	2	3	4	5	6
3. 态度	5.35 ± 1.25	0.33**	-0.19**	(0.86)			
4. 主观规范	5.23 ± 1.04	0.39**	-0.17**	0.53**	(0.90)		
5. 感知行为控制	5.54 ± 1.07	0.46**	-0.33**	0.54**	0.52**	(0.85)	
6. 后续评论意愿	5.33 ± 1.14	0.43**	-0.23**	0.56***	0.62**	0.65**	(0.88)

注：**$p<0.01$；括号中数据为 AVE 值平方根。

（三）本次评论的情感倾向对后续评论意愿的影响

在检验各假设前对各主要变量进行正态性检验。结果发现，积极情感、消极情感、态度、主观规范、感知行为控制和后续评论意愿的偏度系数的绝对值分别为 0.96、0.74、0.49、0.05、0.32 和 0.18，峰度系数的绝对值分别为 1.65、0.40、0.38、0.86、0.90 和 0.78。所有变量的偏度系数绝对值均小于 7，峰度系数的绝对值均小于 2（蔺秀云等，2009）。结果表明，本研究中的各主要变量数据均符合正态分布。

为探讨本次发表评论情感倾向对后续评论意愿的影响，本研究首先检验评论中的积极情感、消极情感对后续评论意愿的直接作用。将以上三个变量放入模型，$\chi^2/df = 342.30/116 = 2.95$，CFI = 0.96，TLI = 0.95，RMSEA = 0.071 < 0.08，表明该模型拟合良好。积极情感对后续评论意愿的直接作用显著（$b = 0.44$，$p < 0.01$），消极情感对后续评论意愿的直接作用显著（$b = -0.11$，$p < 0.05$）。因此，本研究可以进一步进行中介效应检验。

采用 Mplus7.0 软件偏差校正 Bootstrap 方法，对态度、主观规范和感知行为控制的中介作用进行检验。根据研究假设，将积极情感、消极情感、态度、主观规范、感知行为控制和后续评论意愿同时代入结构方程模型，模型的拟合指数结果显示，$\chi^2/df = 1030.74/393 = 2.62$，CFI = 0.93，TLI = 0.93，RMSEA = 0.06 < 0.08，各指数均达到可接受的水平。图 5-2 和表 5-3 显示了观测变量在各潜变量上的标准化负荷及各潜变

量间的路径系数。

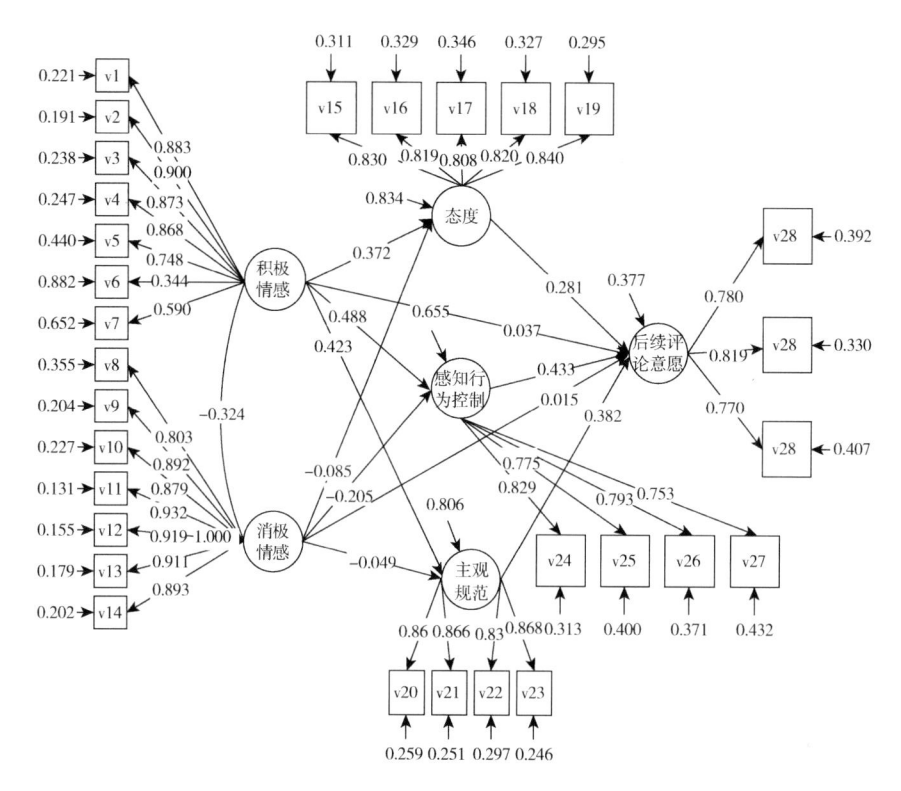

图 5-2　计划行为理论变量在线评论情感倾向对后续评论意愿作用中的中介效应检验

在线评论中的积极情感对后续评论意愿的直接作用不显著（p = 0.54）。在线评论中的积极情感与态度、主观规范、感知行为控制间的路径系数均显著（p < 0.05），态度、主观规范、感知行为控制与后续评论意愿间的路径系数也显著（p < 0.05），表明态度、主观规范和感知行为控制在本次评论中的积极情感和后续评论意愿的关系中起完全中介作用（p < 0.001）。

在线评论中的消极情感对后续评论意愿的直接作用不显著（p = 0.77）。在线评论中的消极情感与态度和主观规范间的路径系数均不显著（p = 0.11 和 p = 0.36），但评论中的消极情感与感知行为控制间的路径系数显著（p<0.001）。态度、主观规范、感知行为控制与后续评论意愿间的路径系数均显著（p<0.05），表明感知行为控制在消极情感与后续评论意愿的关系中起完全中介作用（p<0.05），而态度和主观规范的中介效应不显著（p>0.05）。

本研究中态度、主观规范、感知行为控制在积极情感与后续评论意愿间中介效应的99%置信区间均不包括0，感知行为控制在消极情感与后续评论意愿间中介效应的99%置信区间不包括0，结果表明，中介效应在0.01水平上显著。

表5-3　　在线评论情感倾向对后续评论意愿的影响作用分析

间接效应	路径系数	t值	99%置信区间
积极情感→后续评论意愿	0.48	8.43**	[0.258, 0.548]
积极情感→态度→后续评论意愿	0.11	2.87**	[0.029, 0.178]
积极情感→主观规范→后续评论意愿	0.16	4.23**	[0.056, 0.229]
积极情感→感知行为控制→后续评论意愿	0.21	4.40*	[0.087, 0.320]
消极情感→后续评论意愿	-0.13	-2.53*	[-0.201, -0.004]
消极情感→态度→后续评论意愿	-0.02	-1.50	[-0.061, 0.006]
消极情感→主观规范→后续评论意愿	-0.02	-0.89	[-0.051, 0.022]
消极情感→感知行为控制→后续评论意愿	-0.09	-2.90**	[-0.131, -0.024]
直接效应			
积极情感→后续评论意愿	0.04	0.61	
消极情感→后续评论意愿	0.02	0.30	

注：*p<0.05；**p<0.01。

第二节　小结

一　在线评论情感倾向对后续评论意愿影响的作用效应

在经验和行为意向的关系上，本研究充分证明了个人经验影响态度、主观规范、感知行为控制，进而影响行为意向，与前人的观点一致（段文婷、江光荣，2008）。本研究发现，消费者在线评论中情感倾向对后续评论意愿有明显影响。一方面，消费者发表的在线评论中积极情感越高，再次发表在线评论的意愿越强，表明在线评论中的积极情感对消费者后续评论意愿有促进作用；另一方面，在线评论中的消极情感越高，再次发表在线评论的意愿越低，表明本次发表评论中的消极情感对后续评论意愿有一定程度的抑制作用。这些研究结果进一步丰富了情绪体验与行为意向之间关系的研究（Kwan & Bryan, 2010）。

二 在线评论情感倾向对后续评论意愿影响的作用路径

本次在线评论中的情感倾向对后续评论意愿的作用，是如何实现的呢？本研究基于计划行为理论的研究结果表明，消费者对在线评论行为的态度、主观规范和感知行为控制三个中介变量，在积极情感对后续评论意愿的促进作用中，扮演着非常重要的角色，并且均具有完全中介作用，即积极情感对后续评论意愿的正面促进效果的产生，并不是直接实现，而是完全依赖于态度、主观规范和感知行为控制的中介作用。

另外，本次在线评论中的消极情感对后续评论意愿的抑制作用中，感知行为控制起到了完全中介效应。因此，消极情感对后续评论意愿作用的产生，也不是直接实现，而是通过感知行为控制发挥作用。

由此可见，消费者本次发表评论中包含的积极情感或消极情感将影响消费者后续评论意愿，进而影响在线评论的发表行为。本研究结果进一步验证了情感在计划行为理论中的作用，是对计划行为理论扩展的一次有益探索。本研究结果对在线零售商的在线口碑管理也有一定的启示，发表的在线评论中积极情感越高，消费者对在线评论的态度、主观规范和感知行为控制都会得到促进，进而正向影响消费者后续评论意愿。因此，对积极情感较高的消费者的态度给予积极的反馈，对其后续评论行为给予充分肯定，可以进一步促进消费者发表正面的在线评论。评论中消费者的消极情感抑制消费者的感知行为控制和后续评论意愿，究其原因，消费者在一定程度上并不愿意在在线评论中表达较强的消极情感。因此，零售商平台应在消费者对购买过程不满意时，采取及时、有效的沟通与关系修补，从而减少消费者迫于无奈而发表在线评论的行为。

第六章 在线评论对购买意愿的影响机制

第一节 子研究8 在线评论、社会排斥和消费者购买意愿的关系

一 研究目的

探讨在线评论数量及在线评论情感倾向对消费者购买意愿的影响，以及社会排斥调节作用。

二 研究假设

随着互联网的高速发展，网络购物成为人们常用的购物方式。有数据显示，截至2017年12月，我国网络购物用户规模达到5.33亿人，较2016年增长14.3%，占网民总体的69.1%。随着网络购物方式的兴起，与其相关的一系列问题引起了经济学、消费学等领域学者的关注。近年来，与网络购物相关的课题研究增多，而其中最受关注的是在线评论对消费者购买意愿的影响。已有大量研究证明在线评论作为网络口碑

的一种重要形式，对消费者购买意愿、品牌认知和产品评价等方面有重要作用。

社会排斥作为经济、政治、文化等多种社会问题的深层原因，极具探索性。国外已有的研究表明，社会排斥可以理解为拒绝或驱逐，有时会伴有明确地表示不喜欢。社会排斥可以影响人的认知、情绪、行为等方面，对个体身心健康会有破坏性的后果。我们将社会排斥引入本研究，一方面，旨在丰富在线评论对消费者购买行为影响的研究；另一方面，为了深入探究社会排斥和在线评论以及消费者购买意愿三者之间的关系。由于网购消费的兴盛和社会排斥的普遍性，我们希望国内学者能对这一课题进行持续的关注和深入的研究。

通过文献综述，我们梳理历年来学者们对在线评论影响消费者购买决策的各种因素，从理论上整理在线评论数量和在线评论情感倾向对消费者购买意愿影响的研究以及社会排斥对消费行为的作用方面的研究。再从实证研究中探究在线评论数量及在线评论情感倾向对消费者的购买意愿的影响，以及社会排斥是否能调节消费者阅读在线评论到购买商品这一过程。由此，本研究提出以下假设：

H1a：在线评论数量对购买意愿的主效应显著；

H1b：在线好评率对购买意愿的主效应显著；

H2a：在线评论数量和好评率存在交互作用，在在线评论数量的各个水平上好评率高时的购买意愿显著高于好评率没那么高的情况；

H2b：在线评论数量和好评率存在交互作用，在好评率高时，在线评论数量很多的购买意愿显著高于评论数量很少的情况；好评率没那么高时，在线评论数量对购买意愿的影响不显著；

H3a：社会排斥能够调节在线评论数量与购买意愿的关系，受到社会排斥的水平越高，在线评论数量对购买意愿的影响越强；

H3b：社会排斥能够调节在线评论情感倾向与购买意愿的关系，受到社会排斥的水平越高，好评率对购买意愿的影响越强。

三 研究方法

(一) 研究对象

本研究选取某大学大一至大四的学生,共发放 467 份问卷,最终收回 436 份,剔除无效数据 63 份后,最终保留有网购经历的被试 373 名,其中,男性被试 123 名,女性被试 250 名。被试情况见表 6-1。

表 6-1　　　　　　　　被试情况 (n=373)

被试		n	占比 (%)
性别	男	123	33.0
	女	250	67.0
民族	汉族	195	52.3
	少数民族	178	47.7
家庭所在地	农村	166	44.5
	城镇	207	55.5
独生子女	是	157	42.1
	否	216	57.9
过去 6 个月内网购次数	1—2 次	18	4.8
	3—5 次	63	16.9
	6—10 次	94	25.2
	10 次以上	198	53.1
年级	大一	83	22.5
	大二	110	29.5
	大三	84	22.3
	大四	96	25.7

(二) 实验材料

1. 实验产品选择

中国互联网络信息中心 (CNNIC) 发布的《2016 年中国网络购物

市场研究报告》显示，网购消费者的购买类别从低价的日用百货向价格较高的通信、数码产品转移，其中，通信、数码产品连续三年进入消费者网购商品类别名单的前五名，手机网购用户中有46.5%的消费者都购买过通信、数码产品及其配件。

手机具有价格高、功能多、种类多等特点，因此消费者在选择购买手机时候，需要搜集更多、更全面的信息，在网络购物前搜寻的时间也很长。研究表明在线评论对搜索型产品的影响最大，超过一半的搜索型产品会受到在线评论的影响（王君珺、闫强，2013）。此外，不同类别的商品对在线评论的依赖和关注度也是不一样的，手机需要亲身体验性能后才能给出更多的反馈，消费者无法简单地根据图片来判断其性能，因此在条件有限的情况下，消费者会更加依赖于在线评论（谭倩霞，2013）。与此同时，手机在性别等方面的需求差异不大。所以本研究在设计模拟情景实验时，选择手机作为实验产品。

2. 实验设计

实验部分主要包括指导语和问卷作答两部分。指导语是阅读材料，为被试呈现一个模拟的实验场景。为排除在线购物商城及手机类别对被试的干扰，研究将网站、手机类型、品牌等信息隐去，只采用"某个购物网站""某个产品"来代替。考虑到被试的经济能力有差异，价格可能也会对被试造成干扰，用"资金充足"等控制了价格的影响。在购买意愿和动机方面，指导语将实验情境设定为被试想要买一部新手机，并确定了某个产品，无需被试再去对比寻找其他产品。

本实验采用在线评论数量组别2（很多/很少）×在线评论情感倾向组别2（好评率高/没那么高）的两因素被试间实验设计。各实验条件的区别在于在线评论的特征，四种实验条件对应的指导语仅在在线评论的数量和评论倾向上有差别：评论数量很多，好评率高；评论数量很多，好评率没那么高；评论数量很少，好评率高；评论数量很少，好评率没那么高。随机排列四种情况，并且随机发放问卷，每个被试需要完成其中一种情况的实验。

3. 实验变量及无关变量操纵

实验将评论数量设置为"很多"和"很少"有以下原因：首先，我们在查阅资料时并未发现有对网购手机在线评论总数统计的文献；其次，我们通过调查发现人们对在线评论总数的多少没有太强的数量化概念；最后，在调查时我们还发现有一些个体倾向于网购小众产品，这些产品本来购买人数不多，其评论数量更不多。因此，我们将评论数量设置为很多和很少，确切的数量需要被试自己实验时进行判断。

实验将评论情感倾向设置为"好评率高"和"好评率没那么高"有以下原因：首先，在线评论的倾向作为影响在线评论的一个重要维度，可以用好评、中评、差评测量；其次，消费者表达对某种产品或服务满意程度时可以选择评分制度，目前大部分在线商城选择买家好评率＝所有计分的买家收到的好评数/所有计分的买家收到的评价的方式，因此在线评论整体的好评率能代表情感倾向；由于情感具有两极性，好评率高也可以说差评率较低。但是我们在调查时发现人们在网购时对好评率和差评率也没有太强的数量化概念，因此我们将好评率设置为很高和没那么高，确切的数量需要被试自己实验时进行判断。

本研究首先按照社会称许量表得分进行了筛选，并且剔除了人口统计学变量不完整的被试数据，且由于本实验研究的是在线评论对购买意愿的影响，我们认为没有网购经历的被试无法有效进入模拟实验情景，因此将没有网购经历的被试数据剔除。此外，对于一些无法事前控制的因素，如性别、民族等人口统计学变量，我们将在数据分析部分对其影响进行分析。

（三）测量工具

1. 购买意愿量表

参考 Lee 和 Lin（2012）开发的购买意愿量表，包括 3 道题目，即购买的可能性、渴望购买的程度、是否把该产品作为首选。采用李克特五分量表，评分越高，表示购买意愿越强。本研究中该量表的 α 系数为 0.85。

2. 社会排斥量表

社会排斥量表（吴惠君、张姝玥、曾宇倩，2013）包括直接排斥和间接排斥两个维度共 19 题。前 10 题测量直接排斥，后 9 题测量间接排斥，采用李克特五分量表，1 = 从不，5 = 总是，得分越高，表示个体受到的社会排斥程度越高。本研究该量表的 α 系数为 0.90 与原量表一致。

3. 马洛—克罗恩社会称许量表简版

为了判断被试在填问卷时可能存在的社会称许性效应，本研究选取马洛—克罗恩（Marlowe-Crowne）社会期望量表（汪向东、王希林、马弘，1993）的简单形式，包括 10 项单选题，得分越高，表明其社会称许性越高，越可能承认受社会称许的行为，而否认不受社会称许的行为，从而在回答时不能真正体现本人态度。

（四）数据处理

采用 SPSS20.0 统计软件进行处理和分析，采用的方法包括 t 检验、F 检验、层次回归方法来分析。

四 研究结果

（一）购买意愿在人口统计学上的差异

对购买意愿在性别、民族、家庭所在地、独生子女进行独立样本 t 检验，分析结果显示，购买意愿在性别（t = 0.44，p > 0.05）、民族（t = 0.98，p > 0.05）、家庭所在地（t = -1.07，p > 0.05）、独生子女（t = -0.35，p > 0.05）上均没有显著性差异，说明在线评论对购买意愿的研究不受性别、民族、家庭所在地、独生子女的影响。结果见表 6-2。

表 6-2　在线评论影响购买意愿在人口统计学上的差异

		M ± SD	t
性别	男（n=123）	2.97 ± 0.88	0.44
	女（n=250）	2.93 ± 0.93	
民族	汉族（n=195）	2.98 ± 0.94	0.98
	少数民族（n=178）	2.89 ± 0.89	
家庭所在地	农村（n=166）	2.88 ± 0.88	-1.07
	城镇（n=207）	2.98 ± 0.94	
独生子女	是（n=157）	2.92 ± 0.95	-0.35
	否（n=216）	2.96 ± 0.89	

对购买意愿在网购次数和年级上进行上单因素方差分析，结果显示购买意愿在网购次数上 $F_{(3,369)}=1.47$，$p>0.05$，没有显著差异，购买意愿在年级上 $F_{(3,369)}=2.06$，$p>0.05$，没有显著差异，说明在线评论对购买意愿的研究不受网购次数和年级因素的影响。结果见表 6-3 和表 6-4。

表 6-3　网购次数对购买意愿影响的差异

网购次数	1—2 次	3—5 次	6—10 次	10 次以上	F
N	18	63	94	198	
购买意愿	2.52 ± 0.9	3.00 ± 0.84	2.91 ± 0.85	2.97 ± 0.86	1.47

表 6-4　不同年级对购买意愿影响的差异

年级	大一	大二	大三	大四	F
N	83	110	84	96	
购买意愿	2.98 ± 0.89	2.97 ± 0.90	2.73 ± 0.96	3.06 ± 0.90	2.06

（二）社会排斥在人口统计学上的差异

社会排斥在性别、民族、家庭所在地、独生子女方面进行独立样本 t 检验，分析结果显示，社会排斥在性别上有显著差异，男性（M=2.10）

得分高于女性（M=1.81），社会排斥在家庭所在地上有显著差异，农村（M=2.03）得分高于城镇（M=1.81），社会排斥在独生子女维度上也有差异，非独生子女（M=1.96）得分高于独生子女（M=1.83）。但是社会排斥在民族因素上没有差异。结果见表6-5。

表6-5　　　　　社会排斥在人口统计学变量上的差异

		M±SD	t
性别	男（n=123）	2.10±0.56	4.84***
	女（n=250）	1.81±0.54	
民族	汉族（n=195）	1.86±0.53	-1.67
	少数民族（n=178）	1.95±0.60	
家庭所在地	农村（n=166）	2.03±0.59	3.75***
	城镇（n=207）	1.81±0.53	
独生子女	是（n=157）	1.82±0.52	-2.52*
	否（n=216）	1.96±0.60	

注：*p<0.05；***p<0.001。

（三）在线评论对购买意愿的影响

为了验证在线评论对购买意愿的影响，进行数量组别2（很多/很少）×情感倾向组别2（好评率高/没那么高）两因素被试间实验设计的方差分析，我们前面结果表明被试的性别、民族、家庭所在地、独生子女、网购次数和年级均不会对购买意愿产生影响。因此，在控制这些变量后使用SPSS一般线性模型中的单变量分析进行数据处理。结果表明，在线评论数量组别的主效应显著 $F_{(1,369)}=10.50$，$p<0.01$，$\eta^2=0.03$；情感倾向组别的主效应显著 $F_{(1,369)}=117.57$，$p<0.001$，$\eta^2=0.24$。F检验表见表6-6。

表 6-6　　　　　　　　　在线评论对购买意愿的影响

	df	MS	F	主效应比较
评论数量	1	6.28	10.50**	很多>很少
好评率	1	70.27	117.57***	高>没那么高
评论数量×好评率	1	14.19	23.74***	

注：**p<0.01；***p<0.001。

由表 6-6 可知，评论数量和好评率交互作用显著，$F_{(1,369)}=23.74$，$p<0.001$，$\eta^2=0.06$，进一步的简单效应分析表明，好评率在评论数量的各个水平均能引起购买意愿的显著变化，即当评论数量很多时，好评率的简单效应显著（I-J=1.26，$p<0.05$），消费者购买意愿在好评率高的情况下（M=3.70，SD=0.08）高于好评率没那么高的情况（M=2.44，SD=0.08）；当评论数量很少时，好评率的简单效应也显著（I-J=0.48，$p<0.05$），消费者的购买意愿在好评率高的情况下（M=3.05，SD=0.08）高于好评率没那么高的情况（M=2.56，SD=0.08）。但是评论数量不是在任何情况下都能引起购买意愿的变化，它依赖于好评率的变化，即当好评率高时，评论数量的简单效应显著（I-J=0.65，$p<0.05$），消费者购买意愿在评论数量很多的情况下（M=3.70，SD=0.08）高于评论数量很少的情况（M=3.05，SD=0.08）；好评率没那么高时，评论数量的简单效应不显著。交互作用见图 6-1。简单效应见表 6-7 和表 6-8：

表 6-7　　　　　　　　好评率在评论数量上的简单效应

评论数量	好评率	M	SD	I-J
很多	高	3.70	0.08	1.26*
	没那么高	2.44	0.08	
很少	高	3.05	0.08	0.48*
	没那么高	2.56	0.08	

注：*p<0.05。

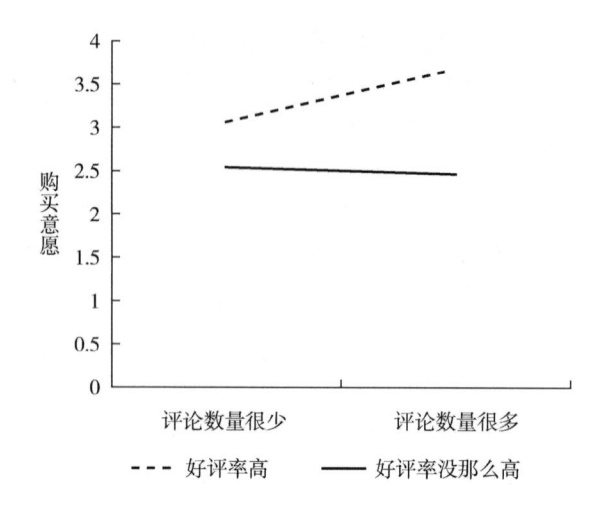

```
      4
    3.5
      3
购  2.5
买    2
意
愿  1.5
      1
    0.5
      0
         评论数量很少              评论数量很多
         ---- 好评率高    —— 好评率没那么高
```

图 6−1　评论数量与好评率交互作用

表 6−8　　　　　评论数量在好评率上的简单效应

好评率	评论数量	M	SD	I−J
高	很多	3.70	0.08	0.65*
	很少	3.05	0.08	
没那么高	很多	2.44	0.08	−0.13
	很少	2.56	0.08	

注：$*p<0.05$。

（四）在线评论、社会排斥和购买意愿之间的关系

1. 社会排斥与购买意愿的关系

社会排斥与购买意愿的关系结果见表 6−9。因为社会排斥和购买意愿均为连续变量，我们进行了 Pearson 相关系数的验证，结果显示间接排斥与购买意愿的 Pearson 相关系数为 0.14，直接排斥与购买意愿的 Pearson 相关系数为 0.20，社会排斥两个维度与购买意愿均呈显著正相关。

表6-9　　　　　　　　　社会排斥与购买意愿的相关性

	直接排斥	购买意愿
间接排斥	0.72**	0.14*
直接排斥		0.20**

注：*p<0.05；**p<0.01。

2. 评论数量、社会排斥与购买意愿的关系

为了探讨社会排斥在评论数量与购买意愿之间的调节作用，我们根据温忠麟等（2005）提出的方法进行分析，即当自变量是类别变量、调节变量是连续变量时应将自变量重新编码成伪变量，用带有乘积项的回归模型，做层次回归分析。我们对所有的变量进行了中心化处理。运用多层回归法进行分析结果如表6-10。评论数量对购买意愿有正向预测作用（β=-0.14，p<0.05），评论数量与社会排斥的交互项没有达到显著性水平，即社会排斥在评论数量对购买意愿影响中的调节作用不明显。

表6-10　　　　　　社会排斥对评论数量和购买意愿的调节作用

	模型1（购买意愿）		模型2（购买意愿）	
	β	VIF	β	VIF
评论数量	-0.14*	1.01	-0.14*	2.53
直接排斥	0.07	1.01	0.03	1.01
评论数量×直接排斥			0.06	2.51
R^2	0.02		0.03	
ΔR^2	0.02		0.01	
ΔF	3.60*		0.39	

注：*p<0.05。

3. 好评率与购买意愿的关系

在探究社会排斥在在线评论情感倾向对购买意愿影响中的调节作用

时，研究结果显示，好评率对购买意愿有正向预测作用（β = -0.51，p < 0.05），好评率与社会排斥的交互项达到显著性水平，即社会排斥在评论情感倾向对购买意愿影响中起调节作用。结果见表6-11。

表6-11　社会排斥对好评率和购买意愿的调节作用

	模型1（购买意愿）		模型2（购买意愿）	
	β	VIF	β	VIF
好评率	-0.51**	1.03	-0.50**	1.95
直接排斥	0.14**	1.03	0.03	1.03
好评率×直接排斥			0.16*	1.91
R^2	0.25		0.27	
ΔR^2	0.25		0.02	
F	54.99**		6.07*	

注：* $p < 0.05$，** $p < 0.01$。

五　讨论

（一）在线评论影响购买意愿在人口统计学上的差异

本书通过独立样本t检验和单因素方差分析发现购买意愿在性别、民族、家庭所在地、独生子女、网购次数和年级上均没有显著性差异，说明购买意愿的研究不受性别、民族、家庭所在地、独生子女的影响。大学生作为网络购物的主体，也是电商推荐服务的主要受众，大学生乐于接受新鲜事物，对于在线评论推荐的信息有较高的关注度。有研究调查南京市的200多名大学生，其中约一半人表示有网上购物的经历，近九成的大学生浏览过购物网站，绝大多数人表示将来可能会进行网上购物。大学生选择网上购物的主要原因是价格低、方便快捷以及商品种类丰富。大学生网上购物主要选择的商品是服饰鞋帽、图书音像制品和数码产品（周月书、黄健，2010）。大学生作为网购的一个重要群体，参与该研究的大学生绝大多数有网购经历，我们考虑到网购经历可能会影响网购意愿，因此将没有网购经历的被试数据剔除，这种做法与前人的研究是一致的。经验来源于之前积累的知识，并且能强化行为，从而调节购买意愿。陈彦如等的研究发现有网购经验的人更倾向于网购食品（陈彦如、杨进广、蒋阳升，2014）。网络购物包括在线浏览商品、对比、购买、在线支付等过程，消费者如果不熟悉网购流程就无法完成在线购物的操作。研究表明，有网购经验的消费者打开网络商城并浏览商品的行为比没有网购经验的人更为普遍，因此不同涉网度在感知在线评论的有用性和感知信任上是有显著差异的（纪淑娴、赵波，2010）。

（二）社会排斥人口统计学上的差异

本研究通过独立样本 t 检验发现社会排斥在性别、家庭所在地、独生子女上有显著差异，社会排斥在民族上无差异。以上数据结果表明，男性受到的社会排斥高于女性，来自农村的被试受到的社会排斥高于来自城镇的被试，非独生子女受到的社会排斥高于独生子女。有研究表明，女生在人际压力中感受到的社会排斥高于男生，而在个体日常活动中，男女感受到的社会排斥无显著差异（吴惠君、孙靓樱、张姝玥，2013）。另有研究总结了有代表性的网络社会排斥形式，并采用编制好的网络社会排斥问卷调研，结果表明男生在网络社会排斥的各维度及总分上都明显高于女生（童媛添，2015）。本研究男生感受到的社会排斥高于女生可能是被试男女比例不均衡导致的，参与本次调查的女性被试数是男性被试的两倍多，其研究结果可能存在一定偏差。但是在家庭所在地和独生子女的维度的研究上与前人研究一致。有研究表明家庭的子女数量可以显著影响大学生的心理健康，独生子女在抑郁、焦虑、社交退缩、自卑、依赖等方面的心理健康程度明显高于非独生子女（詹启生等，2017）。独生子女的社会排斥感不强可能是因为他们集万千宠爱于一身，更能受到家长无条件积极的关注有关。而非独生子女的社会排斥感更强，可能与家庭教养方式密切相关。由于他们常处于和自己的兄弟姊妹竞争的环境中，可能会以这种方式来获得父母的关注，对于排斥的感觉可能更敏感。还有研究表明，农村生源大学生的心理健康状况显著低于城市生源大学生（齐玉龙，2005）。农村生源的大学生在城市上学可能会感受到更多来自周边的社会排斥，由于经济条件、生活方式与城市学生有明显差异，在人际关系、社会适应等方面也存在困难。

（三）在线评论对购买意愿的影响

本研究通过方差分析发现，在线评论数量和情感倾向的主效应均显著，评论数量和情感倾向均能影响消费者的购买意愿。在线评论信息能够很大程度地影响消费者的信任，进一步影响消费者的购买意愿，所以很多电商加强了在线评论信息的管理，会使用各种方法鼓励消费者对其商品进行评论，并且不断提高消费者的好评率（肖刘莉，2011）。在线评论的数量与情感倾向存在交互作用，假设 H2a 和 H2b 被证明。简单效应分析表明，好评率在评论数量的各个水平均能引起购买意愿的显著变化，这与前人研究一致。评论数量一定程度上代表了购买该商品的人数，由于消费者普遍具有从众的心理，这会导致消费者对评论数量的敏感，因此商品销量达到消费者所期待的水平后，他们就可以更加放心地参考评论的情感倾向（Xu，2014）。另有研究表明，消费者在购买诸如手机等体验产品时，正面在线评论能显著促进消费者的购买意愿（刘旭，2014）。相反，好评率不够高可能会造成消费者对产品或品牌的负面认知。

但是评论数量不是在任何情况下都会引起购买意愿的变化，它依赖于好评率的变化，即当好评率高时，评论数量很多的情况下消费者购买意愿显著高于评论数量没那么高的情况。有研究表明，积极情感的在线评论能增加该产品的销售量，较高的销售量会带来更多的正面在线评论，而增加的正面评论又能进一步扩大产品的销售量，形成一个正反馈循环（余伟萍、祖旭、孙阳波，2016）。好评率没那么高时，评论数量对购买意愿的影响不显著。这可能是因为有些消费者倾向于网购小众品牌或产品，如高档的奢侈品或是潜在消费人群不多的产品或品牌，由于需求量不大，销量量就不多，在线评论数量也不多，在这种情况下，消费者会更加依赖好评率而不是评论数量。在为数不多的评论中参考商品的满意度，有些电商为了提高自己的销量并吸引更多的顾客，可能会使用刷单等手段冲销量，所以不论商品的销量如何，也不论其在线评论数量多少，消费者都会谨慎考虑，更注重其他消费者对该商品的满意程度（温亚琪，2018）。

（四）社会排斥与在线评论和购买意愿间的关系

有研究者将社会排斥在消费行为研究中的作用总结为两类：被忽视与被拒绝，当人们的消费过程或消费成果被他人或团体忽视时，个体的社会存在感和对消费过程的控制感在一定程度上会被削弱，如果想修复这些受损的需求，个体将会选择明显的消费行为（如炫耀性消费）以博得他人关注；而当个体被他人或团体拒绝时，与其自身有关的一系列需求及想通过消费获取的归属感将被削弱，如果想与社会再次建立联系或重新树立自己在社会群体中的地位，个体将会通过亲社会行为（如慈善行为等）表达自我存在意识（Lee & Shrum，2012）。本研究通过层次回归法来分析调节作用，发现社会排斥对评论数量影响购买意愿的调节作用不显著，但社会排斥对在线评论情感倾向影响购买意愿的调节作用显著。好评率越低，消费者的购买意愿越低，直接排斥增强了好评率与购买意愿间的关系。因此，当个体感受到意图明显、表现直接并可能带有欺侮性的排斥时，消费决策更容易受到好评率的影响；但是隐晦且程度较弱的社会排斥的调节作用不显著。这一结果提示，消费者的个体特征在好评率和购买意愿的关系中发挥重要作用。本研究对社会排斥这个调节变量直接用量表进行测量，没有采用情景模拟实验。在以后的研究中，可以根据社会排斥的操作性定义，把社会排斥分成被忽视和被拒绝等不同组别，对比每个组别浏览在线评论的差异以及购买意愿的差异，在此基础上再进行调节作用的分析。

第二节　子研究9　在线评论对消费者购买意愿的影响：自我接纳的调节作用

一　研究目的

探讨在线评论数量与好评率对消费者购买意愿的影响及自我接纳的调节作用。

二　研究假设

通过访谈身边有丰富网购经验同学，发现当该商品的在线评论总数很少的情况下，他们会直接放弃购买，因为觉得该产品不可靠。有研究表明，评论数量对购买意愿产生积极的影响（牛更枫等，2016）。在线评论数量与电影收入呈显著正向关系，评论数量较多的影片更容易引起潜在消费者的兴趣（岳中刚、王晓亚，2015）。因此，在线评论数量越多，是否消费者的购买意愿越强？

消费者也会注意商品的好评率与差评率情况。如果消费者发现该商品差评率较高，就会怀疑该商品的可靠性，购买意愿就会降低。正向评论将显著增加图书的销量（Chevalier & Mayzlin，2006），好评可以提高低价产品的价格，差评会降低高价格产品的价格。因此，好评率越高，是否消费者的购买意愿越强？

如果某商品的在线评论数量很少，人们通常会直接放弃，更不会进一步查看在线评论的具体内容，以及表达情感倾向。在线评论数量具有知晓效应，会触发更多潜在消费者的兴趣（岳中刚、王晓亚，2015）。因此，在线评论数量较多的时候，会激发消费者的兴趣，为了进一步了解该商品，消费者会查看其他消费者的在线评论内容。但当在线评论的方向具有高度的一致性时，消费者会质疑该评论的真实性，而当正向评论数量约为80%时具有最高的可信度，当负面评论很高时一般会认为该产品或服务不可靠（Doh & Hwang，2009），从而影响消费者的购买意愿。所以，当评论数量很少的时候，是否好评率高或没那么高消费者的购买意愿都很低；而当评论数量很多的情况下，是否好评率越高消费者的购买意愿越强，差评率越高购买意愿越弱？

根据Cacioppo和Petty（1984）提出的精细加工可能性模型，个体会因动机和能力的差异选择不同的路径处理信息。高自我评价的个体对自己处理信息的能力比较自信，对当前的处理信息持有较为积极的态度，从而会选择中心路径对信息进行处理；反之，低自我评价的个体会更多的受到外界及情绪的影响，对当前处理信息持回避、消极的态度，多采用边缘路径处理信息。专业程度低或参与程度低的消费者通常会选择边缘路径处理信息，更容易受评论数量而非评论内容的影响（Park & Kim，2008）。所以，是否低自我接纳的个体在评论数量很多的情况下购买意愿越强，而高自我接纳的个体在好评率较高的情况下购买意愿更强？

本研究的自变量为在线评论数量与在线评论情感倾向，调节变量为自我接纳，因变量为购买意愿。由于在线评论数量跟销售额有关，难以对评论数量进行操作定义，因此将在线评论数量设为很多和很少两个水平。在线评论情感倾向可以根据商家评论界面的好评与差评数量来进行研究，并且在实际情境中正面评论与负面评论数量差距较大，所以，本研究将对好评率高与好评率没那么高两个水平进行研究。

基于以上论述，提出以下假设：

H1. 在线评论数量越多，消费者的购买意愿越强；

H2. 好评率越高，消费者的购买意愿越强；

H3. 在评论数量很少的情况下，好评率高或好评率没那么高，消者的购买意愿都较低；在评论数量很多的情况下，好评率高，消费者的购买意愿较强，好评率没那么高，消费者的购买意愿较弱；

H4. 在自我接纳水平较高的情况下，好评率越高，消费者的购买意愿越强；在自我接纳水平较低的情况下，评论数量越多，购买意愿越强。

三　研究方法

（一）研究对象

以某大学在校本科生为调查对象。回收问卷436份，根据社会称许量表进行筛选，剔除无效问卷44份（被试只选一个选项），得到有效样本392份，有效率89.9%。被试分布情况如表6-12。

表6-12　　　　　　　被试基本情况（N=392）

被试类别		N	占比（%）
性别	男	135	34.4
	女	257	65.6
民族	汉族	205	52.3
	少数民族	187	47.7
家庭所在地	农村	178	45.4
	城镇	214	54.6
年级	大一	90	23.0
	大二	118	30.1
	大三	86	21.9
	大四	98	25.0
是否有网购经历	有	384	98.0
	没有	8	2.0
过去6个月内网购次数	1—2次	22	5.6
	3—5次	66	16.8
	6—10次	97	24.7
	10次以上	207	52.8

续表

被试类别		N	占比（%）
独生子女	是	164	41.8
	否	228	58.2

（二）实验材料

1. 实验设计

采用在线评论数量组别2（在线评论数量：很多、很少）×在线评论情感倾向组别2（好评率：高、没那么高）两因素被试间实验设计。

2. 实验材料

实验材料分为两个部分。第一个部分是材料阅读，在这一部分中对自变量不同水平的结合进行了控制；第二个部分是问卷调查。

（三）测量工具

1. 消费者购买意愿量表

采用周淑玲（2017）对 Lee 和 Lin（2012）关于购买意愿的4个测量题项的中文翻译，Cronbach's α 系数为 0.94，结构效度的 KMO 值为 0.86，表明该量表具有很好的信效度。本研究中选取了前3个题目（因为第4题是：我会把该产品推荐给他人，前3个题目都是针对消费者本人的购买意愿，即我会购买该产品；同时参考了其他学者对消费者购买意愿量表的使用，发现只有前3个题目是一致的，其他题目都是在自己研究基础上进行了增减）。按照非常不同意1、比较不同意2、一般3、比较同意4、非常同意5作答。在本研究中量表的 Cronbach's α 系数为 0.85，具有良好的信度。

2. 自我接纳量表

采用丛中和高文凤（1999）编制的自我接纳量表，共16个题目（见附录12）。包括自我接纳因子（题目1、4、7、8、11、13、14、16）（例如，我内心的愿望从不敢说出来）与自我评价因子（题目2、3、5、6、9、10、12、15）（例如，我几乎全是优点和长处），并且两因子的内部一致性系数分别为 0.92 和 0.91。反向评分条目为 1、4、7、8、11、13、14、16，正向评分条目为 2、3、5、6、9、10、12、15。结果按照正向评分：非常同意 4、基本同意 3、基本相反 2、非常相反 1 作答，负向评分则反之。问卷的重测信度为 0.77；问卷能够敏感地区分神经症病人与正常人在自我接纳方面的差异，实证效度较好。本研究中该量表的 Cronbach's α 系数为 0.72，自我接纳因子的 Cronbach's α 系数为 0.76，自我评价因子的 Cronbach's α 系数为 0.662，具有良好的信度。

3. 马洛—克罗恩社会称许量表简版

为了判断被试在填写问卷的过程中是否存在社会称许性效应，本研究选取马洛—克罗恩社会称许量表简表形式（汪向东、王希林、马弘，1993），共 10 个单选题，采取选择是、否的形式。被试得分越高，其社会称许性越高，表明被试受到了社会称许的影响而不能真正体现被试本人的态度。

(四) 数据处理

采用 SPSS 20.0 统计软件进行处理和分析，采用的方法包括 t 检验、因素方差分析等。

四 研究结果

(一) 购买意愿和自我接纳在人口统计学变量上的差异

1. 大学生购买意愿和自我接纳在性别上的差异

为了探讨大学生购买意愿和自我接纳各个维度在性别上是否存在差异性，对其进行了独立样本 t 检验，结果见表 6-13。

表 6-13　　大学生购买意愿和自我接纳各个维度在性别上的差异（M±SD）

性别	男（n=135）	女（n=257）	t
购买意愿	2.92±0.90	2.94±0.92	-0.17

续表

性别		男（n=135）	女（n=257）	t
自我接纳	自我接纳维度	2.47±0.47	2.35±0.47	2.30*
	自我评价维度	2.45±0.47	2.53±0.50	-1.43

注：* $p<0.05$。

从表6-13中可得，不同性别的大学生在购买意愿上不存在显著性差异（$p>0.05$）；不同性别的大学生在自我接纳维度上存在显著性差异（$p<0.05$），男生的自我接纳得分（M=2.47）要显著高于女生（M=2.35），而在自我评价维度上不存在显著性差异（$p>0.05$）。

2. 大学生购买意愿和自我接纳在民族上的差异

为了探讨大学生购买意愿和自我接纳各个维度在民族上是否存在差异性，对其进行了独立样本t检验，结果见表6-14。

表6-14　大学生购买意愿和自我接纳各个维度在民族上的差异（M±SD）

民族		汉族（n=205）	少数民族（n=187）	t
购买意愿		2.97±0.94	2.89±0.89	0.94
自我接纳	自我接纳维度	2.35±0.46	2.44±0.49	-1.80
	自我评价维度	2.50±0.42	2.50±0.56	-0.09

从表6-14中可得，不同民族的大学生在购买意愿上不存在显著性差异（$p>0.05$）；不同民族的大学生在自我接纳和自我评价两个维度上都不存在显著性差异（$p>0.05$）。

3. 大学生购买意愿和自我接纳在家庭所在地的差异

为了探讨大学生购买意愿和自我接纳各个维度在不同家庭所在地上是否存在差异性，对其进行了独立样本t检验，结果见表6-15。

表 6 – 15　　　　大学生在购买意愿和自我接纳各个维度在
不同家庭所在地上的差异（M±SD）

家庭所在地		农村（n=178）	城镇（n=214）	t
购买意愿		2.87±0.88	2.98±0.94	-1.16
自我接纳	自我接纳维度	2.42±0.46	2.37±0.49	1.11
	自我评价维度	2.55±0.57	2.47±0.41	1.72

从表 6 – 15 中可得，不同家庭所在地的大学生在购买意愿上不存在显著性差异（p>0.05）；不同家庭所在地的大学生在自我接纳和自我评价两个维度上都不存在显著性差异（p>0.05）。

4. 大学生购买意愿和自我接纳在独生子女上的差异

为了探讨大学生购买意愿和自我接纳各个维度在是否为独生子女上是否存在差异性，对其进行了独立样本 t 检验，结果见表 6 – 16。

表 6 – 16　　　　大学生购买意愿和自我接纳各维度在
独生子女上的差异（M±SD）

独生子女		独生子女（n=164）	非独生子女（n=228）	t
购买意愿		2.91±0.95	2.94±0.89	-0.38
自我接纳	自我接纳维度	2.41±0.52	2.38±0.45	0.69
	自我评价维度	2.46±0.42	2.54±0.54	-1.56

从表 6 – 16 中可得，大学生是否为独生子女在购买意愿上不存在显著性差异（p>0.05）；大学生是否为独生子女在自我接纳和自我评价这两个维度上都不存在显著性差异（p>0.05）。

（二）大学生购买意愿在评论数量和好评率上的方差分析

为了探讨购买意愿在评论数量与好评率之间是否存在交互作用以及主效应，对其进行了两因素方差分析，结果见表 6 – 17。

表 6-17　购买意愿在评论数量与好评率上的两因素方差分析

	df	F	事后比较
好评率	1	121.26***	好评率高 > 好评率没那么高
评论数量	1	12.05**	评论数量很多 > 评论数量很少
好评率×评论数量	1	20.60***	评论数量很多、好评率高 > 评论数量很多、好评率没那么高；评论数量很多、好评率高 > 评论数量很少、好评率没那么高；评论数量很多、好评率高 > 评论数量很少、好评率高；评论数量很少、好评率高 > 评论数量很多、好评率没那么高；评论数量很少、好评率高 > 评论数量很少、好评率没那么高

注：**p < 0.01，***p < 0.001。

由表 6-17 中可得，好评率的主效应显著（F = 121.26，p < 0.001）；评论数量的主效应显著（F = 12.05，p < 0.001）；两者的交互作用显著（F = 20.60，p < 0.001），交互效应见图 6-2。

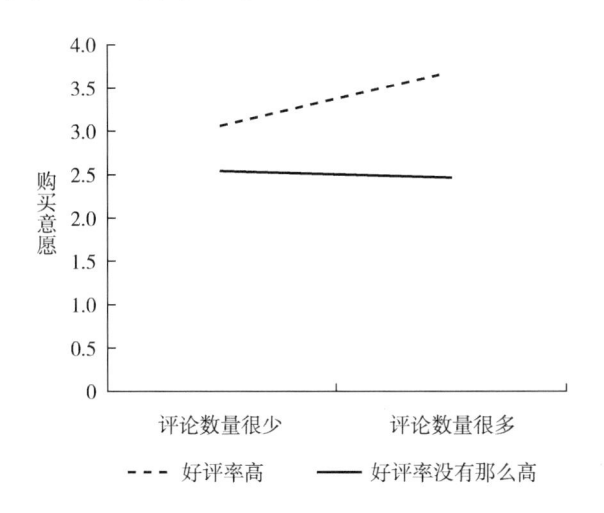

图 6-2　评论数量与好评率的交互效应

进行 2×2 组间方差分析，购买意愿为因变量，好评率（好评率高/好评率没那么高）和评论数量（很多/很少）为自变量。结果显示对好评率有显著主效应，$F(1, 388) = 121.26$，$p < 0.001$，偏 $\eta^2 = 0.24$，

在好评率高（M=3.37，SD=0.81）的情况下人们的购买意愿高于好评率没那么高（M=2.51，SD=0.81）。对于评论数量也有主效应，$F(1,388)=12.05$，$p<0.01$，偏$\eta^2=0.03$，在评论数量很多（M=3.05，SD=0.97）的情况下人们的购买意愿高于评论数量很少（M=2.80，SD=0.83）。好评率与评论数量存在显著交互效应，$F(1,388)=20.60$，$p<0.001$，偏$\eta^2=0.05$。在评论数量很少的情况下，好评率高和好评率没那么高对消费者购买意愿的影响没有多大区别，而在评论数量很多的情况下，好评率高和好评率没那么高对消费者购买意愿的影响有很大区别，其中评论数量很多和好评率高的情况下消费者的购买意愿的影响最强。

（三）大学生购买意愿和自我接纳之间的相关分析

已有研究表明，购买意愿和自我接纳之间存在一定的相关关系。我们对大学生购买意愿和自我接纳各个维度进行了相关分析，结果见表6-18。

表6-18　大学生购买意愿与自我接纳各个维度之间的相关性分析

	自我接纳维度	自我评价维度	自我接纳总分
购买意愿	0.26**	-0.02	0.15**

注：**$p<0.01$。

表6-18相关分析结果表明，购买意愿与自我接纳维度、自我接纳总分之间存在显著正相关（$r=0.26$，$p<0.01$；$r=0.15$，$p<0.01$），而购买意愿与自我评价维度相关不显著（$r=-0.02$，$p>0.05$）。

（四）自我接纳的调节作用

1. 自我接纳维度在好评率对购买意愿影响中的调节作用

为了探讨自我接纳在好评率对购买意愿影响中的调节作用，对其进行层次回归分析，通过交互作用项的回归系数，判断自我接纳的调节作用用是否显著，结果如表6-19。

第六章 在线评论对购买意愿的影响机制

表 6-19　自我接纳在好评率对购买意愿影响中的调节作用

自变量	购买意愿		
	模型 1（β）	VIF	模型 2（β）
好评率	-0.44***	1.02	-0.44***
自我接纳	0.20***	1.02	0.09
好评率×自我接纳			0.14*
R^2	0.26		0.27
ΔR^2	0.26		0.01
ΔF	58.98***		4.26*

注：*p<0.05，***p<0.001。

由表 6-19 可得，自我接纳在好评率与购买意愿之间调节效应显著，其中好评率与自我接纳交互项回归系数显著（β=0.14，p<0.05）。

2. 自我接纳维度在评论数量对购买意愿影响中的调节作用

为了探讨自我接纳在评论数量对购买意愿影响中的调节作用，对其进行层次回归分析，通过交互作用项的回归系数，判断自我接纳的调节作用是否显著，结果如表 6-20。

表 6-20　自我接纳在评论数量对购买意愿中的调节作用

自变量	购买意愿		
	模型 1（β）	VIF	模型 2（β）
评论数量	-0.19**	1.02	-0.19**
自我接纳	0.17**	1.02	0.26**
评论数量×自我接纳			-0.13
R^2	0.06		0.07
ΔR^2	0.06		0.01
ΔF	10.44**		3.38

注：**p<0.01。

由表 6-20 可得，自我接纳在评论数量与购买意愿之间调节效应不显著（β = -0.13，p > 0.05）。

五 讨论

（一）购买意愿和自我接纳在人口统计学变量上的差异

1. 大学生购买意愿在人口统计学变量上的差异

本研究中大学生购买意愿在性别、民族、家庭所在地、独生子女上都没有差异，说明购买意愿不受性别、民族、家庭所在地、独生子女的影响，同时支持我们选取手机为实验材料是可行的。因为手机为体验型产品，根据Chu和Li对搜索型产品和体验型产品之间的差异研究显示，体验型产品的感知风险要高于搜索型产品（Chu & Li，2008），增加了对该产品的不确定风险。因此，消费者会更加依赖其他消费者对该手机的评论。同时，手机属于没有性别偏好的产品，但如在购买衣服上，女生的购买率很可能要高于男生的。因此，本研究选取手机为实验材料是恰当的。

2. 大学生自我接纳在人口统计学变量上的差异

大学生自我接纳维度在性别上有显著差异，并且男性显著高于女性，而在自我评价维度没有差异；大学生总的自我接纳维度水平在民族、家庭所在地、独生子女上都没有差异。

男性的自我接纳维度水平高于女性。一直以来，男性所处的社会地位一般高于女性。在这种社会文化下，人们对男性的接纳水平要高于女性，而人们感知到他人的评价后会影响对自己的认知，因此男性的自我接纳水平要高于女性。

大学生总的自我接纳在民族、家庭所在地、独生子女上都没有差异。随着少数民族权益保护与汉文化的推广，民族之间的交流与接触相当普遍。接触是消除偏见最好的方法，彼此之间的接纳程度也有所提高。由于人们生活水平的提高以及农村城镇化进程，城镇与农村之间的差异也越来越小。相比以前，更多的农村人口在外打工，思想相比以前开放，可以更好地对自己形成较为客观的认知，也更愿意接纳自己。自我接纳是个体在情感与态度上对实际自我的悦纳。只要个体能够接受真实的自我，与自己是否为独生子女和年龄无明确关系，都没有关系，而是与个体的成功经历有关。

（二）评论数量和好评率与大学生购买意愿的方差分析

1. 评论数量的主效应分析

购买意愿在评论数量上存在显著性差异，评论数量很多时被试的购买意愿显著高于评论数量很少时被试的购买意愿。当评论数量很多时相比于评论数量很少时人们会更愿意购买，这与前人研究结果一致（牛更枫等，2016）。评论数量具有知晓效应（岳中刚、王晓亚，2015）。评论数量在一定程度上代表了商家的可信度，这样形成了商家的一种潜在口碑。所以，评论数量多的商品可以使消费者更加容易知晓，增强购买意愿。

2. 好评率的主效应分析

购买意愿在好评率上存在显著性差异，好评率高时被试的购买意愿显著高于好评率没那么高时。当好评率高时相比于好评率没那么高时，消费者会更愿意购买，这与前人的研究结果一致（Chevalier & Mayzlin，2006）。闫强等的研究表明，正向评论对在线评论的感知有用性有正向的影响作用（闫强、孟跃，2013）。当该商品的好评率高时，消费者会认为评论是有用的，也会更愿意采纳其他消费者的在线评论。其他消费者评论的好评率高，消费者就会对该商品持一种积极的态度，购买意愿就会更强。

3. 评论数量与好评率的交互作用分析

评论数量与好评率之间在购买意愿上存在交互作用。在评论数量很少的情况下，好评率高和好评率没那么高对消费者购买意愿的影响没有多大区别。而在评论数量很多的情况下，好评率高和好评率没那么高对消费者购买意愿的影响有很大区别,其中评论数量很多和好评率高的情况下消费者的购买意愿最强。由于评论数量具有知晓效应,评论数量多更容易引发消费者的兴趣,从而消费者才会去翻看其他消费者的在线评论,其中正向评论将显著影响消费者的购买意愿(Chevalier & Mayzlin, 2006)。反之,在评论数量很少的情况下,消费者可能对该商品不感兴趣,从而更不会翻看其他消费者的在线评论。

基于以上结果,该研究对商家管理的意义在于:(1)评论数量很多相比于评论数量很少而言,消费者的购买意愿更强。商家可以采取某些措施鼓励消费者积极发表在线评论,从而增加在线评论的总数;(2)当好评率高时相比于好评率没那么高时,消费者会更愿意购买,商家可以采取措施使消费者对购买该商品产生积极的体验,从而使消费者多发表正向评论;(3)评论数量与好评率交互作用显著,在评论数量很多的情况下,好评率高和好评率没那么高对消费者购买意愿的影响有很大区别。在评论数量很少的情况下,两者的区别不大,评论数量很多和好评率高的情况下消费者的购买意愿最强。所以,商家同时要采取措施鼓励消费者发表在线评论,增加在线评论总数。同时,在鼓励消费者发表在线评论下还要对消费者在线评论的内容进行管理,使消费者发表更多的正面评论。

(三)自我接纳的调节作用

1. 自我接纳在好评率对购买意愿影响中的调节作用

自我接纳在好评率对购买意愿影响中的调节效应显著。高自尊的个体对自己的能力持积极的态度,在处理信息时会倾向于选择中心路径,受评论内容的影响较大。通过前文的综述,自我接纳作为自尊的组成部分,在好评率与购买意愿之间存在调节作用。因此,自我接纳增强了好评率与购买意愿间的关系。

2. 自我接纳在评论数量对购买意愿影响中的调节作用

自我接纳在评论数量对购买意愿影响中的调节效应不显著。已有研究表明，高自尊的被试倾向于冒险（陈蒂、罗岚、罗照盛，2006），低自尊者更倾向于风险规避（乔纳森·布朗，2004）。因此，在评论数量很多的情况下，一般认为该商品的可靠性较高，低自尊的个体会更倾向于选择购买；而在评论数量很少的情况下，一般情况下我们不会选择去购买，但高自尊的个体会倾向于风险偏好，其购买意愿增加。通过前文有关自尊与自我接纳的综述，认为自我接纳是自尊的一个组成部分，自我接纳可能存在调节作用。但在本研究中，自我接纳的调节作用不显著。

基于自我接纳调节效应不显著的原因：可能自我接纳确实存在一定调节作用，但由于本研究的抽样存在一定的误差，使得样本不具有很强的代表性；也有可能是因为自我接纳与自尊的关系并不是那么明确，假设提出的理论背景不是很充分；还有可能是研究中存在的各种误差；另有可能自我接纳确实不存在调节作用。

第七章 总体讨论、创新与展望

第一节 讨论

随着移动互联网的快速发展,消费者网络购物后发表的在线评论已引起在线零售商和消费者的高度关注,对其他消费者购买决策的影响作用不容忽视。电子商务、市场营销、信息工程、心理学等多个学科和领域的研究者,目前从各自不同的角度对在线评论进行了广泛的研究。但是,对在线评论情感倾向的研究相对较晚,目前还缺乏消费者在线评论中为什么表达情感、表达怎样的情感以及表达情感有什么影响等方面的相关研究。

本书基于情感基本理论和在线评论的结构特点,初步提出了在线评论二维情感结构理论模型,通过文本分析和问卷调查进一步编制了在线评论情感倾向问卷和内容结构问卷,统计结果显示,所编问卷具有良好的信度和效度,为后续的研究提供了有效的测量工具。总体来看,本书主要探讨了以下几个方面的问题。

一 在线评论情感倾向的结构及测量

本书发现,消费者在线评论情感倾向包括积极情感与消极情感两个维度,这与国内学者对在线评论情感极性的单维分析有明显的不同（王洪伟等,2013）。Dillard 和 Peck（2002）认为,目前对情绪结构的研究主要有以下三个视角:①单维模型（从非常积极到非常消极）;②二维模型（积极情感和消极情感）;③离散情感状态,即每一种情感状态都有其独特的功能。

本书对 11992 条在线评论逐条进行人工分析,筛选出消费者在线评论文本中表达情感倾向的词语。研究表明,消费者在线评论中表达的情感倾向具有以下鲜明的特点:①消费者的情感主要指向产品以及购买过程中、购买后与客服人员的沟通等多个方面;②消费者在线评论中的情感倾向比较复杂,同一在线评论中往往表达了多种情感。例如,两位消费者对同一款手机壳都给予好评,分别为"用上了,挺好看的,就是感觉稍微有点松"和"手机壳收到,直接装手机上了,效果很好,很满意,图案清晰,手感也不错,送的钢化膜和记事本也很是喜欢,很满意的一次购物,有需要还来你家"。不难发现,第一位消费者感觉良好,但同时也表达了略感遗憾;第二位消费者则表达了对产品、赠品较高的满意度,以及再次购买的意愿。本书结果进一步验证了学者 Richins（1997）的观点,消费情感是非常复杂的心理过程,既涉及购买前的期待和产品购买过程中情感体验,也包括购买后拥有和使用产品的情感体验。

本书通过探索性因素分析,确定了消费者在线评论情感倾向的二维结构。消费者在评论中表达的积极情感主要有"满意""喜欢""平静""愉快""满足""期待""兴奋"等,表达的消极情感主要有"失望""后悔""愤怒""遗憾""郁闷""悲伤""厌烦"等。本书进一步通过探索性因素分析和验证性因素分析,对问卷的信度和效度进行了检验,发现二维结构比单维结构有更好的拟合指数,二维结构模型可以更好地测量消费者的在线评论情感倾向。

二 在线评论内容的结构及测量

消费者在线评论文本中既有情感信息，也有认知信息（Allsop, Bassett, & Hoskins, 2007），二者共同构成了评论的核心（Sweeney, Soutar, & Mazzarol, 2012）。Sundaram、Mitra 和 Webster（1998）认为，消费者口碑中主要关注产品性能、问题的反应以及性价比三个方面内容。Hartline 和 Jones（1996）对酒店业的研究发现，感知的服务质量是影响消费者口碑意向的关键因素，特别是消费者与前台、房间服务员直接接触而感知到的服务质量。Mazzarol、Sweeney 和 Soutar（2007）在总结前人研究的基础上提出，不论消费者基于何种动机、情境或个体特质，商家提供的产品和服务质量终将转化为口碑中理性的一面。本书在借鉴以上研究的基础上，结合传统市场营销理论对"4Ps"（产品、价格、渠道、促销）和"4Cs"（消费者、成本、便利、沟通）等营销因素的含义界定，对在线评论中消费者关注的内容进行系统梳理，最终提炼出在线评论内容结构的核心要素。

通过对在线评论文本内容进行逐条关键词的提取、归纳和总结，本书初步筛选出 23 项营销因素。本书进一步对在线评论文本中筛选出的 23 个营销因素进行因素分析，提取出在线评论内容结构的关键因素。本书发现，消费者在线评论中的认知部分主要关注四个方面的内容，即核心价值、服务效率、促销让利和外观感知。本研究结果更深入地阐明了在线评论文本中的认知成分，也进一步验证了前人的研究结论，即产品和服务是评论中认知成分的核心。

消费者在线评论与线下口碑关注的内容有共同之处，同时也有其特殊性。消费者在收到产品后才能判断与期待是否一致，确定产品是否满足自己的需要。因此，产品与消费者个性化需求之间的一致性引起消费者较多关注。在线购买过程中，消费者直接接触的是客服人员和物流人员，其服务质量是在线评论的重要内容。当在线零售商是"旗舰店"时，消费者对其期待往往较高，从而直接影响消费者购买的满意度，在线评论中涉及这一方面的内容也较多。除此之外，包装质量好坏、外观是否美观等也是消费者在线评论关注较多的内容。这一研究结果提示，在线零售商在在线评论管理中，应首先保证产品、服务和客服的质量。

三 在线评论情感倾向与内容结构的关系

由于认知和情感存在互依和整合的关系（Lazarus，1999），本书探讨了在线评论中内容结构与情感倾向之间的关系。在控制了满意度和人口统计学变量的情况下，核心价值、外观感知和服务效率对积极情感倾向的正向作用显著；核心价值对消极情感的负向作用显著，促销让利对消极情感的正向作用显著。由此可见，当消费者对产品质量、性价比和性能关注度越高，消费者发表的在线评论中积极情感就越高；反之，消费者对产品质量、性价比和性能关注度越低，在线评论中的消极情感就越高。同时，消费者对服务效率和外观感知的关注程度越高，在线评论中表达的积极情感也就越高。消费者对促销让利的关注程度越高，在线评论中的消极情感也越高。这些结果与 Sweeney、Soutar 和 Mazzarol（2005）的研究有一致之处，其研究认为，负面口碑更多是基于情绪反应，而正面口碑更多基于认知成分，口碑中的负面信息主要是由不满意激发的，而正面口碑主要来自对服务质量的满意体验。

本书结果提示，在线评论的管理措施中，促销让利并不会增强消费者在线评论中的积极情感，而促销让利的高度关注可能导致在线评论中的消极情感明显增加。旗舰店在一定程度上能够促进品牌与消费者的关系（Kozinets, et al., 2002），但也可能导致消费者对服务和产品的过高期待，进而导致消费者的不满情绪。本书结果进一步验证了核心价值的重要性，因此在线零售商应把产品质量、性能、性价比放在首要位置，切实做好购买前与消费者的有效沟通，提高产品满足消费者需要的程度。同时，在线零售商应提高客服回应与解决问题的效率，尽量缩短物流时间，重视产品外包装的质量与美观，这些措施虽然不能减少在线评论中的消极情感，但是可能激发消费者更多的积极情感。

四　满意度与在线评论情感倾向：动机的调节作用

满意度对消费者口碑传播的作用早已得到有效验证（Anderson，1998；Wirtz & Chew，2002），本书进一步证实了在线评论情感倾向与满意度之间的关系。满意度可以作用于在线评论情感倾向，其中对积极情感有正向作用，对消极情感有负向作用。由此可见，提高消费者满意度是促进在线评论积极情感的有效途径。在营销过程中，在线零售商与其通过"好评返现"等方式提高评论中的积极情感，还不如在提高消费者满意度上下足功夫。

评论动机影响满意度与在线评论情感倾向之间的关系。本书发现，情感分享对满意度与积极情感之间的关系有增强作用，而自我提升动机对满意度和消极情感之间的关系也有增强作用。这些结果与已有研究有一致之处，但有一定的差异性。Sicilia、Delgado-Ballester 和 Palazon（2015）的研究发现，个体的归属需要和自我表露水平会增加消费者正面口碑传播行为。积极情感表露和消极情感表露都可以提高个体的幸福感（Magai，Consedine，Fiori，& King，2009）。情感分享可以满足个体归属感和自我情感表露的需要，从而激发消费者在线评论中表达出积极情感。对于自我提升动机和在线评论情感倾向的关系，本书与 Fu、Ju 和 Hsu（2015）的研究结果有较大差异。Fu 等的研究发现，自我提升动机与发表积极评论的意向呈显著正相关。但本书结果显示自我提升动机对在线评论中的积极情感没有显著影响，而对在线评论中的消极情感有显著正向预测作用。分析其原因，可能是 Fu、Ju 和 Hsu（2015）的研究没有考虑满意度和动机间的交互作用有关。

当前,在线商家多采用"好评返现""好评返积分"等方式激励消费者发表正面评论。本书结果表明,鼓励消费者分享情感,使其感受到发表在线评论可以帮助其他消费者,这样对消费者的影响作用更大。因此,在线零售商应重视提高消费者的归属感,营造自我情感表露氛围,在客服与顾客沟通时,促使消费者更加充分地表达情感。当消费者满意度较高时,可以激发消费者的自我提升动机,例如与消费者探讨产品相关的专业知识,使其感受到被充分尊重,满足消费者"我是聪明人"的需要;当消费者满意度较低时,则应尽量避免自我提升动机的作用,这些措施均可以有效减少消费者在线评论中的消极情感。

五 物质主义价值观、马基雅维利主义人格、共情与在线评论情感倾向

确认拥有哪种特征的人更可能成为在线评论的传播者,这是口碑研究中的一个重要问题。已有研究对消费者人格的关注较多(Price,1995;Desmond & Dick,2005),消费者的外倾性、利他主义、自信心、独特性需求等与口碑传播行为密切有关。本书发现,物质主义价值观、马基雅维利主义人格影响在线评论的积极情感和消极情感倾向,满意度在三者的关系中发挥中介作用。高水平物质主义者购买前期待较高,购买后感受到的期待存在较高的不一致水平,Szymanski 和 Henard(2001)的研究发现,一致性和公平感是影响消费者满意度最重要的两个因素。高水平物质主义者的过高期待,可以导致购买后的积极情感下降、消极情感显著上升,这些在在线评论中得到了充分的体现。

马基雅维利主义者在人际关系中喜欢操纵他人,为了达到自己的目的往往不择手段,并且喜欢在与人交流中宣讲自己的观点(Hunt & Chonko,1984)。已有研究发现,马基雅维利主义人格与敌对态度、自

私和欺骗行为呈显著正相关（Ali & Chamorro-Premuzic，2010），这些特征促使马基雅维利主义者在购买过程中感受到的满意度较低，并且因不满意产生对零售商的敌对态度，从而希望通过发表在线评论达到自己的目的。因此，高水平马基雅维利主义者在线评论中表达的消极情感较高，而其积极情感相对较低。

本书对物质主义价值观、马基雅维利人格特质与在线评论情感倾向之间的关系进行了探索性分析。由于高水平物质主义者以获取为中心，获得购买前的期待水平越高，消费者购买后的满意度明显越低。因此，在购买前降低消费者期待，引导其形成更为理性的购买期待，是减少消费者在线评论消极情感倾向的一条有效途径。马基雅维利主义者对人际关系的操弄意愿较强，因此客服在与之沟通时应关注这一消费者特征。本书研究提示，在线零售商应细分市场，尤其需要重视消费者的个体心理方面的特征。

近些年来，共情成为认知神经科学、发展心理学、社会心理学、心理咨询与治疗等学科领域研究的热点。本书研究发现满意度与在线评论情感倾向存在显著的正相关，在线评论情感倾向与共情呈显著负相关，并且共情在满意度与在线评论消极情感倾向之间存在调节作用。因此，商家应提高消费者购物满意度，合理利用在线评论改变营销策略等。

六 在线评论情感倾向对后续评论决策的影响

口碑的产生是一个动态过程（Liu，2006），已有研究多从满意度的角度解释口碑的产生。本书尝试采用计划行为理论解释在线评论的产生过程，结果显示，消费者发表在线评论前会考虑评论的结果和含义，评论意向会受到已有在线评论经验的影响。在线评论中积极情感和消极情感对评论行为意向的影响作用不同，积极情感对消费者后续评论意愿有正向预测作用，而消极情感对后续评论意愿有负向预测作用。另外，积极情感对评论态度、主观规范和感知行为控制均有促进作用，消极情感则抑制了消费者对在线评论行为的感知行为控制，从而降低了消费者在线评论意愿。除此之外，本书对计划行为理论模型的扩展进行了一次非常有意义的探索，进一步验证了经验对行为意向的影响，为解释在线评论产生机制提供了一个新的研究视角。

本书对帮助企业制定和完善有针对性的管理策略也有一定的启示意义。从管理者的角度来看，创造有益于激发消费者在线评论中积极情感、减少消极情感的外部环境是极为重要的。消费者发表在线评论不仅是本次购买后的行为结果，而且会影响后续发表在线评论的意向。提高产品质量是关键，客服与消费者间的互动也是营销策略中不可或缺的一环，良好的互动能够减少在线评论中的消极情感，提高消费者对在线评论行为的感知行为控制。产品本身以及服务互动的不足则可能激发消费者的消极情感，从而降低消费者在线评论意愿。因此，从消费者视角来看，在线评论中的消极情感一定程度上是一种对产品不满意、沟通难以解决之后的无奈之举。

七　在线评论对购买意愿的影响

购买意愿是一种消费心理活动，反映购买行为的发生概率，普遍认为购买意愿能够用来预测消费者的消费行为。在线评论是多样化的，有文字、图片、视频等形式。网购时消费者更加关注在线评论的文字内容，消费者在购买前，要先关注评论的数量，因为评论的数量在一定程度上可以代表该产品的销售量和受追捧的程度。由于评论数量中掺杂着好评、中评和差评，消费者重点关注好评率。若好评较多，证明大众对该产品的满意度较高，会提高消费者对该产品的好感和认同度。本书研究显示，在线评论数量和评论的情感倾向会影响消费者的购买意愿。在线评论数量对购买意愿的影响中社会排斥的调节作用不显著，但在线评论情感倾向对购买意愿的影响中社会排斥的调节作用显著。在线评论不仅影响消费者的购买意愿，而且会影响商家的利益。基于在线评论对消费者有着强大的影响力，所以无论消费者给予产品的在线评论是正面的还是负面的，在线评论评价的是商品本身还是商户客服或物流运输，商家都应该给予足够的重视。

在线评论对消费者网购、对调整商家的经营策略的重要意义已经得到很多研究的证实。本书发现，在购买意愿上，评论数量和好评率的主效应显著，其中评论数量很多和好评率高的情况下消费者的购买意愿最强，但自我接纳在评论数量与购买意愿之间的调节效应不显著。因此，商家应提高产品和服务质量，采取措施鼓励消费者发表在线评论，增加在线评论的总数。在鼓励消费者发表在线评论的同时还要对消费者在线评论的内容进行管理，使消费者发表更多的正面评论。自我接纳是否有调节作用今后需要更大的样本量去验证。

第二节 创新与研究展望

一 创新点

本书的创新主要包括以下几个方面：

（1）本书从信息发布者角度探讨在线评论，拓展了在线评论的研究内容。消费者在线评论是影响网络购买决策的首要因素，引起了在线零售商和消费者的高度关注。2008年以来，国内学者对在线评论的关注度逐年增长，相关研究主要在管理科学与工程、计算机科学与技术等领域。已有研究主要聚焦于描述什么样的评论会促进产品的销售额，通过机器学习判断在线评论的情感极性，描述在线评论的有用性，但目前在线评论的结构及产生机制还不清楚。本书从信息发布者的角度在线评论情感倾向进行探索性研究，可以对其结构及产生过程有更加深刻的了解。

（2）本书探讨了在线评论情感倾向的二维结构，在一定程度上弥补了简单的正负情绪二分法的不足,提高了在线评论情感倾向的解释力。国内外对消费情感的研究大多采用简单的二分法,忽视了消费者在线评论中可能同时表达积极情感和消极情感的情形。也有国外学者以情感分类取向研究消费情感,但在中国消费者中的验证结果并不理想。因此,本书研究结果可以为在线评论情感分析提供理论借鉴。

(3) 本书尝试对在线评论情感倾向的生成机制进行解释。分析了物质主义价值观、马基雅维利主义人格、共情等个体特征对情感倾向的影响,探讨了满意度在其关系中的中介作用,验证了评论动机对满意度和情感倾向之间关系的调节效应。本书研究有利于理解在线评论的生成过程,为后续研究提供了基础。

(4) 本研究对评论情感倾向与后续评论意愿之间的关系进行探讨,分析了消费者在线评论的态度、主观规范和感知行为控制的中介作用。研究结果在一定程度上揭示了在线评论的动态产生过程。

(5) 本书探讨在线评论对购买意愿的影响,分析了其中消费者的个体特征的作用。研究结果为消费者在线购物及电商在线服务提供更多可利用的信息,引导网络购物消费市场的绿色健康发展。

二 研究展望

本书对在线评论情感倾向结构、影响因素及其对后续评论意愿、购买意愿的影响进行了较为系统的探索,取得了一定的研究成果。与此同时,本研究发现了一些需要进一步解决的问题。

(1) 在研究方法上,尽管本书试图探索在线评论的形成机制,但受到研究方法的局限,只能揭示变量之间的相关关系;后续研究中可以采用情境模拟实验,操纵或启动不同类型动机来检验其作用。

(2) 在线评论内容分析方面,除了本书关注的在线评论情感倾向,今后可以探索将情感倾向与在线评论中产品和服务的属性相结合,从而对在线评论内容结构进行更系统的分析，例如采用矩阵乘法等方法评估在线评论的文本信息。

（3）从探索性研究到深入研究。本书是从心理学视角对消费者在线评论结构、影响因素和后续作用进行的一次探索性研究。后续研究可以就具体问题进行深入分析，如揭示产品类型和购买目的对在线评论情感倾向的作用，从而在线评论管理提供更具有操作性的建议。

（4）本书在评论情感倾向对后续评论意愿影响的作用机制方面进行了有益探索，但并未在此基础上探讨在线评论更为有效的管理和干预措施，后续研究中可以对在线评论管理策略的有效性进行实验研究。

（5）本书探讨在线评论数量、情感倾向对消费者的购买意愿的影响，社会排斥在评论情感倾向对购买意愿影响中的调节作用显著，后续还需大样本量去验证。

附　　录

附录1　在线评论文本分析表

在线评论分析项目	具体内容
发表评论的网站	
发表评论的商品	
评论文本内容	
评论的情感极性（正面、负面）	
发表评论的星级	
发表评论附带图像（是或否）	
发表评论距购买的时间	
发表评论关注产品情况	
发表评论关注价格情况	
发表评论关注渠道情况	
发表评论关注促销情况	
发表评论关注顾客情况	
发表评论关注成本情况	
发表评论关注便利情况	
发表评论关注沟通情况	
发表评论表达的情感倾向	

附录2　在线评论基本情况调查表

尊敬的女士/先生：

您好，我们正在进行在线消费行为调查。此调查仅用于学术研究，无任何商业价值，不涉及个人隐私。恳请据实填写。感谢您的支持与参与！

> 请回忆您最近一次发表过在线评论的网购经历，并就此次经历回答下列问题。

1. 您网购了什么商品？
   ①服饰　②鞋包　③日化品　④食品　⑤电子产品　⑥图书
   ⑦其他

2. 您网购商品目的？
   ①自用　②礼品送人

3. 您网购通过哪种方式支付？
   ①在线支付　②货到付款　③信贷（白条/花呗等）　④其他

4. 您网购花多少钱？＿＿＿＿＿＿元

5. 这件商品对您来说有多重要？

   　　　　　　　1　2　3　4　5　6　7
   毫不重要　　○　○　○　○　○　○　○　非常重要

6. 这件商品对您来说有多大意义？

   　　　　　　　1　2　3　4　5　6　7
   没有意义　　○　○　○　○　○　○　○　意义很大

7. 这件商品能给您带来享乐体验吗？

   　　　　　　　1　2　3　4　5　6　7
   完全不能　　○　○　○　○　○　○　○　完全可以

8. 对您来说，这件商品的实用价值有多高？

　　　　　　　1　2　3　4　5　6　7

　毫无价值　○　○　○　○　○　○　○　价值很高

9. 对于这件购买决定，您的评价是？

　　　　　　　1　2　3　4　5　6　7

　非常糟糕　○　○　○　○　○　○　○　非常完美

10. 对于这次网络购物，您满意吗？

　　　　　　　1　2　3　4　5　6　7

　非常不满意　○　○　○　○　○　○　○　非常满意

11. 对您来说，这次网络购物服务怎样？

　　　　　　　1　2　3　4　5　6　7

　非常差　○　○　○　○　○　○　○　非常好

12. 对这次网络购物服务，您的感受如何？

　　　　　　　1　2　3　4　5　6　7

　非常不快　○　○　○　○　○　○　○　非常高兴

13. 在写该评论前您在多大程度上希望这样做？

　　　　　　　1　2　3　4　5　6　7

　程度很低　○　○　○　○　○　○　○　程度很高

14. 在写该评论前您在多大程度上愿意这样做？

　　　　　　　1　2　3　4　5　6　7

　程度很低　○　○　○　○　○　○　○　程度很高

15. 在写该评论前您在多大程度上想要这样做？

　　　　　　　1　2　3　4　5　6　7

　程度很低　○　○　○　○　○　○　○　程度很高

16. 您的评论是在网购收货后多少天发表的？

　①1 天以内　②1 天—1 周　③1 周—1 个月　④1 个月—6 个月

　⑤6 个月以上

附录3　消费者在线评论情感倾向问卷

请根据您发表的在线评论所包含的下列情绪的不同程度，选择合适的选项。

项目		选项						
		←程度非常低			程度非常高→			
1	满意的	1	2	3	4	5	6	7
2	喜欢的	1	2	3	4	5	6	7
3	满足的	1	2	3	4	5	6	7
4	愉快的	1	2	3	4	5	6	7
5	兴奋的	1	2	3	4	5	6	7
6	平静的	1	2	3	4	5	6	7
7	期待的	1	2	3	4	5	6	7
8	失望的	1	2	3	4	5	6	7
9	愤怒的	1	2	3	4	5	6	7
10	后悔的	1	2	3	4	5	6	7
11	厌烦的	1	2	3	4	5	6	7
12	悲伤的	1	2	3	4	5	6	7
13	郁闷的	1	2	3	4	5	6	7
14	遗憾的	1	2	3	4	5	6	7

附录4　消费者在线评论内容结构问卷

	您的评论在多大程度上关注以下内容？							
	关注内容	←程度非常低			程度非常高→			
1	产品品牌	1	2	3	4	5	6	7
2	产品外形	1	2	3	4	5	6	7
3	产品质量	1	2	3	4	5	6	7

续表

	您的评论在多大程度上关注以下内容？							
	关注内容	←程度非常低				程度非常高→		
4	产品包装	1	2	3	4	5	6	7
5	产品性能	1	2	3	4	5	6	7
6	价格变动	1	2	3	4	5	6	7
7	价格折扣	1	2	3	4	5	6	7
8	产品性价比	1	2	3	4	5	6	7
9	消费信贷	1	2	3	4	5	6	7
10	卖家信誉	1	2	3	4	5	6	7
11	是否线下有售	1	2	3	4	5	6	7
12	与线下价格差	1	2	3	4	5	6	7
13	免费赠品	1	2	3	4	5	6	7
14	优惠券或奖励券	1	2	3	4	5	6	7
15	售后服务质量	1	2	3	4	5	6	7
16	产品满足需要的程度	1	2	3	4	5	6	7
17	购买过程便捷性	1	2	3	4	5	6	7
18	购物所花的金钱成本	1	2	3	4	5	6	7
19	物流速度	1	2	3	4	5	6	7
20	商家发货速度	1	2	3	4	5	6	7
21	售后服务便捷性	1	2	3	4	5	6	7
22	客服人员沟通的有效性	1	2	3	4	5	6	7
23	快递方面沟通有效性	1	2	3	4	5	6	7

附录5 消费者在线评论动机问卷

您可能会因为哪些原因网购后发表在线评论？请选择与您第一反应相一致的答案，注意不要在每个问题上花太长的时间。

项目		选项						
		←程度非常低				程度非常高→		
1	表达自己的消费情感（喜欢/不喜欢）	1	2	3	4	5	6	7

续表

项目		选项						
2	和别人分享自己的消费体验（愉快的/不愉快的）	1	2	3	4	5	6	7
3	和别人分享自己的消费体验给自己带来满足感	1	2	3	4	5	6	7
4	提醒他人避免重复本人的不愉快消费经历	1	2	3	4	5	6	7
5	让其他消费者和本人有相同的愉快消费体验	1	2	3	4	5	6	7
6	把产品的真实情况告诉其他消费者	1	2	3	4	5	6	7
7	写评论后商家会给本人报酬	1	2	3	4	5	6	7
8	写评论会提升本人的会员级别	1	2	3	4	5	6	7
9	写评论后商家会给本人奖励（积分、折扣）	1	2	3	4	5	6	7
10	商家会把本人的评论置顶	1	2	3	4	5	6	7
11	商家满足（或损害）了本人的利益，因此本人希望能满足（或损害）商家的利益	1	2	3	4	5	6	7
12	本人对商家很满意（或不满意），因此本人希望支持（或惩罚）商家	1	2	3	4	5	6	7
13	好商家应该得到支持，不好的商家应该受到惩罚	1	2	3	4	5	6	7
14	帮助（或报复）商家使其更成功（或失败）	1	2	3	4	5	6	7
15	提醒其他消费者，不要购买不好的产品	1	2	3	4	5	6	7
16	不让其他消费者有跟本人一样的遭遇	1	2	3	4	5	6	7
17	用本人良好的购物经验帮助其他消费者	1	2	3	4	5	6	7
18	帮助其他消费者买到更好的商品	1	2	3	4	5	6	7
19	引起其他消费者对本人的关注	1	2	3	4	5	6	7
20	提升本人在此类产品领域的专业形象	1	2	3	4	5	6	7

续表

项目		选项						
21	自己的评论能得到他人的肯定或认同	1	2	3	4	5	6	7
22	让人知道本人是个聪明的消费者	1	2	3	4	5	6	7
23	帮助商家改善产品和服务	1	2	3	4	5	6	7
24	促使商家进一步改进产品或服务	1	2	3	4	5	6	7
25	参与其中以增强消费者对卖家的影响力	1	2	3	4	5	6	7

附录6　在线评论态度、主观规范和感知行为控制问卷

			您认为网购后发表在线评论是＿＿＿＿。						
1	不必要的	←1	2	3	4	5	6	7→	有必要的
2	无意义的	←1	2	3	4	5	6	7→	有意义的
3	不受欢迎的	←1	2	3	4	5	6	7→	受欢迎的
4	被动的	←1	2	3	4	5	6	7→	主动的
5	无用的	←1	2	3	4	5	6	7→	有用的
	请根据您对在线评论的看法选择合适的选项								
6	您欣赏和敬重的人对您购后发表在线评论会表示：								非常赞同
	非常反对	1	2	3	4	5	6	7	
7	和您关系亲近的人，对您购后发表在线评论会表示：								非常赞同
	非常反对	1	2	3	4	5	6	7	
8	那些您非常重视他们观点的人对您购后发表在线评论会表示：								非常赞同
	非常反对	1	2	3	4	5	6	7	
9	您周围的人对您购后发表在线评论会表示：								非常赞同
	非常反对	1	2	3	4	5	6	7	
	请就您对以下说法的认同程度作答								
			←完全不认同　　完全认同→						
10	本人有发表在线评论的知识和能力	1	2	3	4	5	6	7	
11	发表在线评论对本人来说是一件很简单的事	1	2	3	4	5	6	7	

续表

请就您对以下说法的认同程度作答

←完全不认同　　完全认同→

12	网购后是否发表在线评论完全在本人的控制之下	1	2	3	4	5	6	7
13	网购后是否发表在线评论完全由本人自己决定	1	2	3	4	5	6	7
14	以后网购本人愿意发表在线评论	1	2	3	4	5	6	7
15	以后网购本人会尽量发表在线评论	1	2	3	4	5	6	7
16	以后网购本人仍要发表在线评论	1	2	3	4	5	6	7

附录7　马基雅维利主义人格量表（Mac-Ⅳ Scale）

下面每一陈述代表一种观点，答案没有正确与错误之分。我们感兴趣的是您对这些观点同意或不同意的程度。请仔细阅读每一题目，选择您对这些观点同意或不同意的程度。

1 = 非常不同意；2 = 不太同意；3 = 有些不同意；5 = 有些同意；6 = 比较同意；7 = 非常同意

	项目	选项
1	决不告诉他人自己做事的真正原因，除非另有目的	1　2　3　5　6　7
2	与人相处的最好方法是说出他们想知道的事	1　2　3　5　6　7
3	只有确信符合道德时才采取行动	1　2　3　5　6　7
4	多数人基本上是好的和善良的	1　2　3　5　6　7
5	人都有邪恶的一面，机会合适就会表现出来	1　2　3　5　6　7
6	在任何情况下诚实均为上策	1　2　3　5　6　7
7	没有任何理由对别人撒谎	1　2　3　5　6　7

续表

	项目	选项					
8	一般来说，没有压力人们是不会努力工作的	1	2	3	5	6	7
9	总而言之，地位卑微和诚实优于地位显赫和欺骗	1	2	3	5	6	7
10	有求于人时，最好实话实说，告之以真正的理由	1	2	3	5	6	7
11	世界上成功的人大多过着清白和道德的生活	1	2	3	5	6	7
12	完全信任别人等于自讨苦吃	1	2	3	5	6	7
13	犯人与一般人的最大区别在于他们蠢得被抓住	1	2	3	5	6	7
14	多数人是勇敢的	1	2	3	5	6	7
15	奉承大人物是明智的做法	1	2	3	5	6	7
16	在各方面都优秀是可能达到的	1	2	3	5	6	7
17	"每分钟都有傻瓜降生"这种说法是不对的	1	2	3	5	6	7
18	不走捷径就很难成功	1	2	3	5	6	7
19	患不治之症的人应该有权利选择无痛苦的死亡	1	2	3	5	6	7
20	多数人能忘记父亲的亡故，却不易忘记财产损失	1	2	3	5	6	7

附录8 物质主义价值观量表(Material Values Scale)

请阅读以下陈述，并根据您对财富的理解，确定您对每条陈述同意或者不同意的程度。请按照下面的1—5点的标度方式来对每个项目做出判断，选择合适的选项。

1＝很不同意；2＝不大同意；3＝不确定；4＝比较同意；5＝非常同意

	项目	选项				
1	本人羡慕那些拥有昂贵住宅、轿车和衣服的人	1	2	3	4	5

续表

	项目	选项				
2	本人通常只买需要的东西	1	2	3	4	5
3	本人喜欢生活中有许多奢侈品	1	2	3	4	5
4	本人拥有享受生活所真正需要的所有物质条件	1	2	3	4	5
5	本人想拥有那些使人印象深刻的东西	1	2	3	4	5
6	本人喜欢花钱买一些不实用的东西	1	2	3	4	5
7	如果买得起更多的东西，本人会感到更加幸福	1	2	3	4	5
8	获取物质财富是人生中最重要的成就之一	1	2	3	4	5
9	即使拥有更好的物质，本人也不会因此而更加幸福	1	2	3	4	5
10	本人不会过多关注别人拥有的物品	1	2	3	4	5
11	购买物品给本人带来很多乐趣	1	2	3	4	5
12	在物质生活方面，本人尽量保持简单	1	2	3	4	5
13	一个人拥有的物质条件在很大程度上说明了他的生活有多成功	1	2	3	4	5
14	因为买不起所有自己喜欢的东西，我有时会很烦。	1	2	3	4	5
15	相比我认识的大多数人，我不太看重物质的东西。	1	2	3	4	5

附录9 《人际反应指针》（中文版）

下面共有22个题目，每个题目用来描述你是否恰当，或说每个题目符合你的程度如何。0 = 不恰当，1 = 有一点恰当，2 = 还算恰当，3 = 恰当，4 = 很恰当，就每一个题目当中，从0—4的5个数目当中哪一个数字适合你就在那个数字上打"√"。

	不恰当	有一点恰当	还算恰当	恰当	很恰当
1. 对那些比我不幸的人，我经常有心软和关怀的感觉	0	1	2	3	4
2. 有时候当其他人有困难或问题时，我并不为他们感到难过	0	1	2	3	4

续表

	不恰当	有一点恰当	还算恰当	恰当	很恰当
3. 我的确会投入小说中人物的情感世界	0	1	2	3	4
4. 在紧急的状况中，我感到担忧、害怕而难以平静	0	1	2	3	4
5. 在看电影或看戏时，我通常是旁观的，而且不经常全身心投入	0	1	2	3	4
6. 在做决定前，我试着从争论中去看每个人的立场	0	1	2	3	4
7. 当我看到有人被别人利用时，我有点感到想要保护他们	0	1	2	3	4
8. 当我处于一个情绪非常激动的情况中时，我往往会感到无依无靠，不知如何是好	0	1	2	3	4
9. 有时我想象从我朋友的观点来看事情的样子，以便更了解他们	0	1	2	3	4
10. 对我来说，全身心地投入一本好书或一部好电影中，是很少有的事	0	1	2	3	4
11. 其他人的不幸通常不会给我带来很大的困扰	0	1	2	3	4
12. 看完戏或电影之后，我觉得自己好像是剧中的某一个角色	0	1	2	3	4
13. 处在紧张情绪的状况中，我会惊慌害怕	0	1	2	3	4
14. 当我看到有人受到不公平的对待时，我有时并不感到非常同情他们	0	1	2	3	4
15. 我相信每个问题都有两面观点，所以我尝试着从不同的观点来看问题	0	1	2	3	4
16. 我认为自己是一个相当软心肠的人	0	1	2	3	4
17. 当我欣赏一部好电影时，我很容易站在某个主角的立场去感受他的心情	0	1	2	3	4
18. 在紧急状况中，我紧张得几乎无法控制自己	0	1	2	3	4
19. 当我对一个人生气时，我通常会尝试着去想一下他的立场	0	1	2	3	4

续表

	不恰当	有一点恰当	还算恰当	恰当	很恰当
20. 当我阅读一篇引人入胜的故事或小说时，我想象着：如果故事中的事件发生在我身上，我会感觉怎么样	0	1	2	3	4
21. 当我看到有人发生意外而积极帮助的时候，我紧张得几乎精神崩溃	0	1	2	3	4
22. 在批评别人前我会试着想象：假如我处在他的情况，我的感受如何	0	1	2	3	4

附录10　购买意愿量表

请你根据前述情景，真实作答，在与你相符的情况下打"√"

题目	非常不同意	比较不同意	一般	比较同意	非常同意
1. 我购买该产品的可能性很大					
2. 我渴望购买该产品					
3. 我会把该产品作为首选					

附录11　社会排斥量表

请你根据自身实际情况回答下列问题，在与你相符的情况下打"√"。
1. 大家相互调侃或打闹时有意无意避开我。

　　　　　　　　　　　　从不　偶尔　有时　经常　总是
2. 我成为被人恶意捉弄的对象。

　　　　　　　　　　　　从不　偶尔　有时　经常　总是

3. 大家不会与我分享心情或交流经验。

            从不 偶尔 有时 经常 总是

4. 别人在背后说我的坏话影响其他人对我的看法。

            从不 偶尔 有时 经常 总是

5. 我的失误被起哄或毫不客气地批评。

            从不 偶尔 有时 经常 总是

6. 我常被人抓住错处、疏漏打小报告。

            从不 偶尔 有时 经常 总是

7. 大家一起聊天时,我一加入进去就冷场。

            从不 偶尔 有时 经常 总是

8. 在我可能出丑或出差错时别人只会等着看笑话。

            从不 偶尔 有时 经常 总是

9. 别人会嘲笑我的短处,刺痛我。

            从不 偶尔 有时 经常 总是

10. 会无缘无故地接收到非善意的眼神。

            从不 偶尔 有时 经常 总是

11. 我失落时,得不到别人的劝解或安慰。

            从不 偶尔 有时 经常 总是

12. 即便我已努力改善关系也得不到积极的回应。

            从不 偶尔 有时 经常 总是

13. 即便彼此认识,别人也不会主动同我打招呼。

            从不 偶尔 有时 经常 总是

14. 别人对于我的询问或请求不耐烦,态度敷衍。

            从不 偶尔 有时 经常 总是

15. 我的主动攀谈难以得到热情的回应。

            从不 偶尔 有时 经常 总是

16. 别人很少会注意到我,也不太清楚我的情况。

              从不 偶尔 有时 经常 总是

17. 别人会有意无意在空间上拉开与我的距离。

              从不 偶尔 有时 经常 总是

18. 聊天时不论我说什么话题，别人都不怎么接话。

              从不 偶尔 有时 经常 总是

19. 我与别人的交流似乎难以深入或延长。

              从不 偶尔 有时 经常 总是

附录12　自我接纳量表

请你根据自身实际情况回答下列问题，在与你相符的情况下打"√"。

题目	非常相同	基本相同	基本相反	非常相反
1. 我内心的愿望从不敢说出来				
2. 我几乎全是优点和长处				
3. 我认为异性肯定会喜欢我的				
4. 我总是因为害怕做不好而不敢做事				
5. 我对自己的身材相貌感到很满意				
6. 总的来说，我对自己很满意				
7. 做任何事情只有得到别人的肯定我才放心				
8. 我总是担心会受到别人的批评或指责				
9. 学新东西时我总比别人学得快				
10. 我对自己的口才感到很满意				
11. 做任何事情之前我总是预想到自己会失败				
12. 我能做好自己所有的事情				
13. 我认为别人都不喜欢我				
14. 我总担心自己会惹别人不高兴				
15. 我很喜欢自己的性格特点				
16. 我总是担心别人会看不起我				

附录 13　Marlowe-Crowne 社会称许量表简版

下面是一些有关个人态度和特点的叙述。请阅读每个条目，确定其所述情况是否与你相符，并在相应的地方打个"√"。

1. 我总是毫不犹豫地放下自己的事帮助有难处的人。　　是　否
2. 我从来没有特别讨厌谁。　　是　否
3. 如果得不到自己想要的东西，有时我感到愤愤不平。　　是　否
4. 有时我想违抗有权威的人，即使我知道他们是对的，也想这么做。

　　是　否
5. 我记得有过为逃避某些事而"装病"的情况。　　是　否
6. 如果我不懂得什么事情，我会很痛快地承认。　　是　否
7. 即使对难以相处的人，我也总是彬彬有礼。　　是　否
8. 我从来没想到要别人替我受过。　　是　否
9. 我有些时候对别人的幸运相当嫉妒。　　是　否
10. 我有时因为别人要我帮忙而生气。　　是　否

附录 14　个人基本信息调查表

1. 您的性别

    ①男　②女
2. 您的年龄

    ①24 岁及以下　②25—35 岁　③35 岁以上
3. 您的文化程度

    ①本科以下　②本科及以上
4. 您的婚姻状况

    ①单身　②已婚

5. 您的出生地

　　①城镇　②农村

6. 您网购有多久了？_____年，或_____月。

7. 您平均每月网购多少次？

　　①4次及以下　②4次以上

8. 您的职业

　　①赋闲在家　②学生　③企业工作人员　④政府或事业单位工作人员（官员、教师、医生、警察等）　⑤其他

参考文献

查金祥、王立生：《网络购物顾客满意度影响因素的实证研究》，《管理科学》2006年第1期。

常亚平、肖万福、覃伍、阎俊：《网络环境下第三方评论对冲动购买意愿的影响机制：以产品类别和评论员级别为调节变量》，《心理学报》2012年第9期。

陈蒂、罗岚、罗照盛：《不同风险情景中青少年自尊与冒险倾向的关系研究》，《企业家天地》2006年第2期。

陈彦如、杨进广、蒋阳升：《食品网购行为意愿影响的实证研究——以结构方程模型为基础》，《西南交通大学学报》（社会科学版）2014年第3期。

陈正梁：《电子商务消费者图片评论意愿影响因素研究》，硕士学位论文，哈尔滨工业大学，2015年。

丛中、高文凤：《自我接纳问卷的编制与信度效度检验》，《中华行为医学与脑科学杂志》1999年第1期。

崔楠、张建、王菊卿：《不仅仅是评分——在线评论文本内容对评论有效性影响研究》，《珞珈管理评论》2014年第1期。

董大海、刘琰：《口碑，网络口碑与鼠碑辨析》，《管理学报》2012年第3期。

杜建政、夏冰丽：《心理学视野中的社会排斥》，《心理科学进展》2008年第6期。

杜伟强、于春玲：《顾客满意度与口碑的关系：产品类别的差异》，《营销科学学报》2009年第2期。

杜学美、丁璟妤、谢志鸿、雷丽芳：《在线评论对消费者购买意愿的影响研究》，《管理评论》2016年第3期。

段文婷、江光荣：《计划行为理论述评》，《心理科学进展》2008年第2期。

菲利普·科特勒、凯文·莱恩·凯勒：《营销管理》，中国人民大学出版社2012年版。

冯必扬：《人情社会与契约社会——基于社会交换理论的视角》，《社会科学》2011年第9期。

冯玉娟、毛志雄、车广伟：《大学生身体活动行为预测干预模型的构建：自主动机与tpb扩展模型的结合》，《北京体育大学学报》2015年第5期。

高承慧：《情绪和自尊对不同个体风险决策的影响研究》，硕士学位论文，新疆师范大学，2011年。

龚艳萍、黄凯、张琴、谷红平：《新产品预告的时间距离、消费者在线评论及其购买目标的关系研究》，《研究与发展管理》2015年第4期。

郭国庆、陈凯、何飞：《消费者在线评论可信度的影响因素研究》，《当代经济管理》2010年第10期。

郭恺强、王洪伟：《消费者发表正面网络口碑的实证研究》，《江西社会科学》2014年第3期。

郭恺强、王洪伟、赵月：《消费者通过在线声誉系统发表评论的前因：基于tam的实证研究》，《管理评论》2014年第9期。

韩小芸、汪纯孝：《服务性企业顾客满意感与忠诚感关系》，清华大学出版社2003年版。

郝媛媛、邹鹏、李一军、叶强：《基于电影面板数据的在线评论情感倾向对销售收入影响的实证研究》，《管理评论》2009 年第 10 期。

[美] 霍斯顿：《动机心理学》，孟继群、侯积良译，辽宁人民出版社 1990 年版。

纪淑娴、赵波：《潜在网络购物者与有经验者购买意愿比较研究》，《计算机应用研》2010 年第 9 期。

蒋音波：《消费者网络口碑传播的动机研究》，硕士学位论文，华中科技大学，2009 年。

景奉杰、曾伏娥：《顾客满意水平对顾客行为影响研究的评述》，《商业经济与管理》2004 年第 10 期。

乐国安、董颖红、陈浩、赖凯声：《在线文本情感分析技术及应用》，《心理科学进展》2013 年第 10 期。

李飞、王高：《4ps 营销组合模型的改进研究》，《管理世界》2006 年第 9 期。

李宏、张翠：《基于国内电子商务网站负面评论的内容分析》，《电子商务》2013 年第 7 期。

李慧颖：《在线评论对消费者感知及企业商品销量的影响研究》，博士学位论文，哈尔滨工业大学，2013 年。

李杰、张向前、陈维军、刘璞：《C2C 电子商务服装产品客户评论要素及其对满意度的影响》，《管理学报》2014 年第 2 期。

李金海、何有世、马云蕾、李治文：《基于在线评论信息挖掘的动态用户偏好模型构建》，《情报杂志》2016 年第 9 期。

李静、曹琴、胡小勇、郭永玉：《物质主义对大学生网络强迫性购买的影响：自我控制的中介作用》，《中国临床心理学杂志》2016 年第 2 期。

李静、郭永玉：《物质主义及其相关研究》，《心理科学进展》2008 年第 4 期。

李静、郭永玉:《物质主义价值观量表在大学生群体中的修订》,《心理与行为研究》2009年第4期。

李琪、梁妮:《在线评论中产品评论和服务评论的感知有用性差异研究》,《软科学》2015年第10期。

李启庚、赵晓虹、余明阳:《服务型产品在线评论信息特征对评论感知有用性与购买意愿的影响》,《工业工程与管理》2017年第6期。

李实、叶强、李一军、罗嗣卿:《挖掘中文网络客户评论的产品特征及情感倾向》,《计算机应用研究》2010年第8期。

李婷婷、李艳军:《"好评返现"如何影响消费者在线评论?——双通道心理账户的中介作用》,《营销科学学报》2016年第1期。

李亚红、赵宝春:《物质主义与购买情绪的关系:变化期待的中介作用》,《云南社会科学》2016年第2期。

李永超:《矛盾在线评论对消费者购买搜索型产品影响的眼动研究》,硕士学位论文,燕山大学,2016年。

李原:《青年在职者的物质主义价值观及其影响》,《青年研究》2014年第6期。

林瑛:《在线评论倾向与消费者购买的关系》,硕士学位论文,重庆邮电大学,2016年。

蔺秀云、方晓义、赵俊峰、兰菁、李晓铭:《不同类别和安置方式受艾滋病影响儿童的生理和心理健康状况分析》,《中国临床心理学杂志》2009年第6期。

刘晨:《社会排斥对冲动型消费的影响:状态自尊的中介作用》,硕士学位论文,湖南师范大学,2017年。

刘俊清、汤定娜:《在线评论、顾客信任与消费者购买意愿关系研究》,《价格理论与实践》2016年第12期。

刘全升、姚天昉、黄高辉、刘军、宋鸿彦:《汉语意见型主观性文本类型体系的研究》,《中文信息学报》2008年第6期。

刘旭：《在线评论对产品销量的影响研究》，硕士学位论文，东北财经大学，2014 年。

刘泽文、宋照札、刘华山、田宝：《计划行为理论在求职领域的应用与评价（综述）》，《中国心理卫生杂志》2006 年第 2 期。

苗德露：《观点采择对共情性尴尬的影响：共情反应与尴尬感受性的不同作用》，硕士学位论文，浙江师范大学，2013 年。

宁连举、孙韩：《在线负面评论对网络消费者购买意愿的影响》，《技术经济》2014 年第 3 期。

牛更枫、李根强、耿协鑫、周宗奎、田媛、连帅磊：《在线评论数量和质量对网络购物意愿的影响：认知需要的调节作用》，《心理科学》2016 年第 6 期。

齐玉龙：《城市与农村生源大学生心理健康状况比较分析》，《中国公共卫生管理》2005 年第 4 期。

乔纳森·布朗：《自我》，陈浩莺等译，人民邮电出版社 2004 年版。

秦峰、许芳：《马基雅维利主义者的工作绩效和职业成功——基于工作场所的元分析》，《心理科学进展》2013 年第 9 期。

秦启文、黄希庭：《社会技能构成因素及其意义》，《心理学探新》2001 年第 1 期。

申跃：《基于满意度的顾客抱怨模型研究》，博士学位论文，清华大学，2005 年。

施娜：《探讨网上品牌社区中的正面网络口碑行为：非线性方法》，博士学位论文，中国科学技术大学，2011 年。

石文华、高羽、胡英雨：《基于情感倾向和观察学习的在线评论有用性影响因素研究》，《北京邮电大学学报》（社会科学版）2015 年第 5 期。

宋晓晴、孙习祥：《消费者在线评论采纳研究综述》，《现代情报》2015 年第 1 期。

孙俊才、卢家楣：《大学生情绪社会分享的公众观》，《心理科学》2009

年第 1 期。

孙琳琳：《社会排斥对消费者行为的影响》，硕士学位论文，厦门大学，2014 年。

谭倩霞：《在线评论对消费者购买意愿的影响研究》，硕士学位论文，湖南大学，2013 年。

汤舒俊、郭永玉：《西方厚黑学——基于马基雅弗利主义及其相关的心理学研究》，《南京师大学报》（社会科学版）2010 年第 4 期。

唐汉瑛、马红宇：《企业员工的工作满意度与反生产行为：传统价值观的调节作用》，《广西大学学报》（哲学社会科学版）2014 年第 6 期。

陶沙：《乐观、悲观倾向与抑郁的关系及压力、性别的调节作用》，《心理学报》2006 年第 6 期。

童媛添：《网络社会排斥的一般特点及其与抑郁的相关研究》，硕士学位论文，华中师范大学，2015 年。

涂端午：《教育政策文本分析及其应用》，《复旦教育论坛》2009 年第 5 期。

瓦瑜：《在线评论对消费者购买意愿的影响研究》，硕士学位论文，浙江大学，2014 年。

汪向东、王希林、马弘：《心理卫生评定量表手册（增订版）》，中国心理卫生杂志社 1993 年版。

王芳培、周颖、吕魏：《社会排斥对女性消费者奢侈品购买意愿的影响及权力水平对该过程的调节作用》，《上海管理科学》2018 年第 1 期。

王洪伟、郑丽娟、尹裴、何绍义：《基于句子级情感的中文网络评论的情感极性分类》，《管理科学学报》2013 年第 9 期。

王洪伟、郑丽娟、尹裴、史伟：《在线评论的情感极性分类研究综述》，《情报科学》2012 年第 8 期。

王静、范秀成：《社会排斥及其对消费行为影响的研究述评与展望》，《消费经济》2017 年第 6 期。

王君珺、闫强：《不同热度搜索型产品的在线评论对销售影响的实证研究》,《中国管理科学》2013年第11期。

王良秋、孙婷婷、董妍、贾燕飞、安然:《道路交通违法行为研究:基于计划行为理论的视角》,《心理科学进展》2015年第11期。

王秦英、闫强:《在线评分的交互效应研究:基于个体评分视角》,《中国管理科学》2013年第S2期。

王素格、杨安娜、李德玉:《基于汉语情感词表的句子情感倾向分类研究》,《计算机工程与应用》2009年第24期。

王伟、王洪伟:《特征观点对购买意愿的影响:在线评论的情感分析方法》,《系统工程理论与实践》2016年第1期。

王学民:《偏度和峰度概念的认识误区》,《统计与决策》2008年第12期。

王予灵、李静、郭永玉:《向死而生,以财解忧?存在不安全感对物质主义的影响》,《心理科学》2016年第4期。

温飞、沙振权:《网络商店的在线口碑传播:信任的中介及性别的调节作用》,《管理评论》2011年第11期。

温亚琪:《记者"潜伏"电商刷单,好评也可以刷出来》,《中国消费者》2018年第1期。

温忠麟、侯杰泰、张雷:《调节效应与中介效应的比较和应用》,《心理学报》2005年第2期。

温忠麟、叶宝娟:《中介效应分析:方法和模型发展》,《心理科学进展》2014年第5期。

吴惠君、孙靓樱、张姝玥:《大学生社会排斥类型初探》,《中国健康心理学杂志》2013年第7期。

吴惠君、张姝玥、曾宇倩:《大学生社会排斥问卷的编制与信效度检验》,《中国健康心理学杂志》2013年第12期。

吴艳、温忠麟:《结构方程建模中的题目打包策略》,《心理科学进展》2011年第12期。

武鹏飞、闫强:《在线评论对社交网络中电子口碑采纳的影响研究》,《北京邮电大学学报》（社会科学版）2015 年第 1 期。

夏火松、松杨培、熊淦：《基于特征提取改进的在线评论有效性分类模型》，《情报学报》2015 年第 5 期。

肖刘莉：《C2C 环境下网络口碑信息数量和时效性对消费者网购意愿的影响》，硕士学位论文，西南财经大学，2011 年。

谢宝国、龙立荣：《职业生涯高原对员工工作满意度、组织承诺、离职意愿的影响》，《心理学报》2008 年第 8 期。

谢晓东、张卫、喻承甫、周雅颂、叶瀚琛、陈嘉俊：《青少年物质主义与幸福感的关系：感恩的中介作用》，《心理科学》2013 年第 3 期。

闫强、孟跃：《在线评论的感知有用性影响因素——基于在线影评的实证研究》，《中国管理科学》2013 年第 1 期。

严建援、张丽、张蕾：《电子商务中在线评论内容对评论有用性影响的实证研究》，《情报科学》2012 年第 5 期。

阎俊、蒋音波、常亚平：《网络口碑动机与口碑行为的关系研究》，《管理评论》2011 年第 12 期。

颜志强、苏彦捷：《共情的性别差异：来自元分析的证据》，《心理发展与教育》2018 年第 2 期。

杨爽：《信息质量和社区地位对用户创造产品评论的感知有用性影响机制——基于 Tobit 模型回归》，《管理评论》2013 年第 5 期。

于丽萍、夏志杰、王冰冰：《在线评论对消费者网络购买意愿影响的研究》，《现代情报》2014 年第 11 期。

余伟萍、祖旭、孙阳波：《不同产品类别在线评论对异质性消费者购买意愿影响》，《大连理工大学学报》（社会科学版）2016 年第 1 期。

余璇：《内外倾人格特质与共情的关系研究》，《第十八届全国心理学学术会议摘要集——心理学与社会发展》，中国心理学会，2015 年。

岳中刚、王晓亚：《在线评论与消费者行为的研究进展与趋势展望》，《软科学》2015 年第 6 期。

詹启生、程诺、李秒、薛艳玲：《独生子女与非独生子女大学生心理健康比较》，《中国健康心理学杂志》2017 年第 9 期。

詹志禹：《年龄、性别角色、人情取向与同理心的关系》，台湾政治大学教育研究所，1987 年。

张爱丽：《潜在企业家创业机会开发影响因素的实证研究——对计划行为理论的扩展》，《科学学研究》2010 年第 9 期。

张汉鹏、高春燕、马立娜：《基于情感分析与证据理论的新产品在线竞争力测度方法及实证研究》，《系统管理学报》2016 年第 1 期。

张辉、白长虹、李储凤：《消费者网络购物意向分析——理性行为理论与计划行为理论的比较》，《软科学》2011 年第 9 期。

张梦、杨颖、叶作亮、朱章耀：《口碑传播动机的心理学影响机理研究综述》，《西南民族大学学报》（人文社会科学版）2010 年第 6 期。

张瑞：《基于在线评论的消费者品牌认知和信任模糊推理研究》，硕士学位论文，大连理工大学，2011 年。

张小娟：《在线评论情感倾向对顾客购买意愿的影响研究》，硕士学位论文，上海工程技术大学，2016 年。

张晓飞、董大海：《网络口碑传播机制研究述评》，《管理评论》2011 年第 2 期。

张跃先、马钦海、刘汝萍：《期望不一致、顾客情绪和顾客满意的关系研究述评》，《管理评论》2010 年第 4 期。

张紫琼：《在线中文评论情感分类问题研究》，博士学位论文，哈尔滨工业大学，2010 年。

张紫琼、叶强、李一军：《互联网商品评论情感分析研究综述》，《管理科学学报》2010 年第 6 期。

赵宝春：《直接经验对自主学习意愿的影响：基于计划行为理论的应用》，《心理科学》2012 年第 4 期。

赵冬梅、纪淑娴：《信任和感知风险对消费者网络购买意愿的实证研究》，

《数理统计与管理》2010 年第 2 期。

赵君、廖建桥：《马基雅维利主义研究综述》，《华东经济管理》2013 年第 4 期。

郑晓莹、彭泗清、彭璐珞：《"达"则兼济天下？社会比较对亲社会行为的影响及心理机制》，《心理学报》2015 年第 2 期。

仲轶璐：《不确定条件下的风险偏好：自尊水平与性别的作用》，硕士学位论文，华东师范大学，2013 年。

周浩、龙立荣：《共同方法偏差的统计检验与控制方法》，《心理科学进展》2004 年第 6 期。

周梅华、李佩锏、牟宇鹏：《在线评论对消费者购买意愿的影响——心理距离的中介作用》，《软科学》2015 年第 1 期。

周淑玲：《在线评论的动态变化对消费者购买意愿影响的研究》，硕士学位论文，吉林大学，2017 年。

周月书、黄健：《大学生网上购物意愿及影响因素分析——基于南京市大学生的调查》，《消费经济》2010 年第 5 期。

朱丽叶、袁登华、张静宜：《在线用户评论质量与评论者等级对消费者购买意愿的影响——产品卷入度的调节作用》，《管理评论》2017 年第 2 期。

朱智贤主编：《心理学大词典》，北京师范大学出版社 1989 年版。

Acar, A. S., & Polonsky, M., "Online Social Networks and Insights into Marketing Communications", *Journal of Internet Commerce*, Vol. 6, No. 4, 2007.

Aghababaei, N., & Błachnio, A., "Well-being and the Dark Triad", *Personality & Individual Differences*, Vol. 86, 2015.

Ahluwalia, R., "How Prevalent is the Negativity Effect in Consumer Environments?", *Journal of Consumer Research*, Vol. 29, No. 2, 2002.

Ajzen, I., *From intentions to actions: A theory of planned behavior*, Springer Berlin Heidelberg, 1985.

Ajzen, I., & Driver, B. L., "Prediction of Leisure Participation from Behavioral, Normative, and Control Beliefs: an Application of the Theory of Planned Behavior", *Leisure Sciences*, Vol. 13, No. 3, 1991.

Ajzen, I., "Constructing a Theory of Planned Behavior Questionnaire", *Unpublished Manuscript Retrieved*, No. 7, 2011.

Ajzen, I., "Residual Effects of Past on Later Behavior: Habituation and Easoned Action Perspectives", *Personality and Social Psychology Review*, Vol. 6, No. 2, 2002.

Ajzen, I., "The Theory of Planned Behavior", *Organizational Behavior and Human Decision Processes*, Vol. 50, No. 2, 1991.

Alexandrov, A., Lilly, B., & Babakus, E., "The effects of Social- and Self-motives on the Intentions to Share Positive and Negative Word of Mouth", *Journal of the Academy of Marketing Science*, Vol. 41, No. 5, 2013.

Ali, F., & Chamorro-Premuzic, T., "The Dark Side of Love and Life Satisfaction: Associations with Intimate Relationships, Psychopathy and Machiavellianism", *Personality & Individual Differences*, Vol. 48, No. 2, 2010.

Allsop, D. T., Bassett, B. R., & Hoskins, J. A., "Word-of-mouth Research: Principles and Applications", *Journal of Advertising Research*, Vol. 47, No. 4, 2007.

Alvarez, R. M., & Brehm, J., *Hard Choices, Easy Answers: Values, Information, and American Public Opinion*, Princeton University Press, 2002.

Anderson, E., "Customer Satisfaction and Word of Mouth", *Journal of Service Research*, Vol. 1, No. 1, 1998.

Andreassen, T. W., & Streukens, S., "Service Innovation and Electronic

Word-of-mouth: is it Worth Listening to?", *Managing Service Quality: An International Journal*, Vol. 19, No. 3, 2009.

Augusto de Matos, C., Vargas Rossi, C. A., Teixeira Veiga, R., & Afonso Vieira, V., "Consumer Reaction to Service Failure and Recovery: the Moderating Role of Attitude Toward Complaining", *Journal of Services Marketing*, Vol. 23, No. 7, 2009.

Awad, N. F., & Ragowsky, A., "Establishing Trust in Electronic Commerce Through Online Word of Mouth: An Examination Across Genders", *Journal of Management Information Systems*, Vol. 24, No. 4, 2008.

Bae, H. S., "Entertainment-education and Recruitment of Cornea Donors: the Role of Emotion and Issue Involvement", *Journal of Health Communication*, Vol. 13, No. 1, 2008.

Bae, S., & Lee, T., "Gender Differences in Consumers' Perception of Online Consumer Reviews", *Electronic Commerce Research*, Vol. 11, No. 2, 2011.

Bagozzi, R. P., "The Self-regulation of Attitudes, Intentions, and Behavior", *Social Psychology Quarterly*, Vol. 55, No. 2, 1992.

Bailey, A. A., "Consumer Awareness and Use of Product Review Websites", *Journal of Interactive Advertising*, Vol. 6, No. 1, 2005.

Baker, J., Levy, M., & Grewal, D., "An Experimental Approach to Making Retail Store Environmental Decisions", *Journal of Retailing*, Vol. 68, No. 4, 1992.

Bakir, B., Ozer, M., Uçar, M., Güleç, M., Demir, C., & Hasde, M., "Relation between Machiavellianism and Job Satisfaction in a Sample of Turkish Physicians", *Psychological Reports*, Vol. 92, No. 2, 2003.

Barrish, I. J., "Teaching Children How to Feel Good Without Rating Themselves", *Journal of Rational-Emotive and Cognitive-Behavior Therapy*, Vol. 15, No. 1, 1997.

Bartle, C., Spreading the Word: a Social-psychological Exploration of Word-of-mouth Traveller Information in the Digital Age, Doctoral Dissertation, *University of the West of England*, 2011.

Batra, R., & Ahtola, O. T., "Measuring the Hedonic and Utilitarian Sources of Consumer Attitudes", *Marketing Letters*, Vol. 2, No. 2, 1991.

Baumeister, R. F., Dewall, C. N., Mead, N. L., & Vohs, K. D., "Social Rejection Can Reduce Pain and Increase Spending: Further Evidence that Money, Pain, and Belongingness are Interrelated", *Psychological Inquiry*, Vol. 19, No. 3 – 4, 2008.

Belk, R. W., "Materialism: Trait Aspects of Living in the Material World", *Journal of Consumer Research*, Vol. 12, No. 3, 1985.

Berger, J. A., & Schwartz, E. M., "What Drwres Imned Date Ongovng word of Mouch", *Journal of Marketing Research*, Vol. 48, No. 5, 869 – 880.

Block-Lerner, J., Adair, C., Plumb, J. C., Rhatigan, D. L., & Orsillo, S. M., "The Case for Mindfulness-based Approaches in the Cultivation of Empathy: does Nonjudgemental, Present-moment Awareness Increase Capacity for Perspective-taking and Empathic Concern?", *Journal of Marital and Family Therapy*, Vol. 33, No. 4, 2007.

Bodey, K., & Grace, D., "Contrasting 'Complainers' with 'Non-complainers' on Attitude toward Complaining, Propensity to Complain, and Key Personality Characteristics: A Nomological Look", *Psychology & Marketing*, Vol. 24, No. 7, 2007.

Bodey, K., & Grace, D., "Segmenting Service 'Complainers' and 'non-complainers' on the Basis of Consumer Characteristics", *Journal of Services Marketing*, Vol. 20, No. 3, 2013.

Bowman, D., & Narayandas, D., "Managing Customer-initiated Contacts with Manufacturers: the Impact on Share of Category Requirements and

Word-of-mouth Behavior", *Journal of Marketing Research*, Vol. 38, No. 3, 2001.

Brockway, G. R., Mangold, W. G., & Miller, F., "Word-of-mouth Communication in the Service Marketplace", *Journal of Services Marketing*, Vol. 13, No. 1, 1999.

Bronner, F., & Hoog, R. D., "Vacationers and Ewom: Who Posts, and Why, Where, and What?" *Journal of Travel Research*, Vol. 49, No. 1, 2010.

Brown, I., & Buys, M., "A cross-cultural investigation into customer satisfaction with internet banking security", Proceedings of the 2005 annual reserch Confernce of the South African Institute of Computer Scientests and information Technologists on IT. Research in Developing Countries, 2005.

Cabrera, A., Collins, W. C., & Salgado, J. F., "Determinants of Individual Engagement in Knowledge Sharing", *International Journal of Human Resource Management*, Vol. 17, No. 2, 2006.

Cacioppo, J. T., & Berntson, G. G., "The Affect System: Architecture and Operating Characteristics", *Current Directions in Psychological Science*, Vol. 8, No. 5, 1999.

Cacioppo, J. T., & Petty, R. E., "The Elaboration Likelihood Model of Persuasion", *Advances in Consumer Research*, Vol. 19, No. 4, 1984.

Casaló, L. V., Flavián, C., Guinalíu, M., & Ekinci, Y., "Do Online Hotel Rating Schemes Influence Booking Behaviors?", *International Journal of Hospitality Management*, Vol. 49, 2015.

Che, H. L., & Yang, C., "Examining Wechat Users' Motivations, Trust, Attitudes, and Positive Word-of-mouth: Evidence from China", *Computers in Human Behavior*, Vol. 41, 2014.

Chen, M. F., "Extending the theory of Planned Behavior Model to Explain people's Energy Savings and Carbon Reduction Behavioral Intentions to Mitigate Climate Change in Taiwan-moral Obligation Matters", *Journal of Cleaner Production*, Vol. 112, 2016.

Chen, Y., & Xie, J, "Third-party Product Review and Firm Marketing Strategy", *Marketing Science*, Vol. 24, No. 2, 2005.

Chen, Y., Wang, Q., & Xie, J., "Online Social Interactions: a Natural Experiment on Word of Mouth Versus Observational Learning", *Journal of Marketing Research*, Vol. 48, No. 2, 2010.

Chen, Y. J., & Kirmani, A., "Posting Strategically: the Consumer as an Online Media Planner", *Journal of Consumer Psychology*, Vol. 25, No. 4, 2015.

Chen, Y. J., Investigations of Factors that Affect Consumers' Online Word Of Mouth Behavior (Doctoral dissertation), 2013.

Cheng, S., Lam, T., Hsu, C. H. C., Cheng, S., & Lam, T., "Negative Word-of-mouth Communication Intention: an Application of the Theory of Planned Behavior", *Journal of Hospitality & Tourism Research*, Vol. 30, No. 1, 2006.

Cheung, C. M., & Lee, M. K., "What Drives Consumers to Spread Electronic Word of Mouth in Online Consumer-opinion Platforms", *Decision Support Systems*, Vol. 53, No. 1, 2012.

Chevailier, J. A., & Mayzlin, D., "Online User Reviews Influence Consumers' Decision to Purchase", *Marketing News*, Vol. 40, No. 8, 2006.

Chevalier, J. A., & Mayzlin, D., "The Effect of Word of Mouth on Sales: Online Book Reviews", *Social Science Electronic Publishing*, Vol. 43, No. 3, 2006.

Chih, W. H., Wang, K. Y., Hsu, L. C., & Huang, S. C., "Investigating

Electronic Word-of-mouth Effects on Online Discussion Forums: the Role of Perceived Positive Electronic Word-of-mouth Review Credibility", *Cyberpsychology Behavior & Social Networking*, Vol. 16, No. 9, 2013.

Choi, J., & Kim, Y., "The Moderating Effects of Gender and Number of Friends on the Relationship between Self-presentation and Brand-related Word-of-mouth on Facebook", *Personality & Individual Differences*, Vol. 68, No. 3, 2014.

Christie, R., & Geis, F. L., "Studies in Machiavellianism", *Studies in Machiavellianism*, No. 67, 1970.

Christopher, A. N., Saliba, L., & Deadmarsh, E. J., "Materialism and Well-being: the Mediating Effect of Locus of Control", *Personality & Individual Differences*, Vol. 46, No. 7, 2009.

Chu, K. K., & Li, C. H., "A Study of the Effect of Risk-reduction Strategies on Purchase Intentions in Online Shopping", *International Journal of Electronic Business Management*, Vol. 6, No. 4, 2008.

Chu, S. C., & Kim, Y., "Determinants of Consumer Engagement in Electronic Word-of-mouth (ewom) in Social Networking sites", *International Journal of Advertising*, Vol. 30, No. 1, 2011.

Chung, C. M. Y., & Darke, P. R., "The Consumer as Advocate: Self-relevance, Culture, and Word-of-mouth", *Marketing Letters*, Vol. 17, No. 4, 2006.

Coatesj, Women, men and language: A Socliolinguists account of gender differnend in language, Routledge Press, 2015.

Clore, G. L., Ortony, A., & Foss, M. A., "The Psychological Foundations of the Affective Lexicon", *Journal of Personality & Social Psychology*, Vol. 55, No. 4, 1987.

Comer, J. M., "Machiavellianism and Inner vs Outer Directedness: a Study of

Sales Managers", *Psychological Reports*, Vol. 56, No. 1, 1985.

Coombs, W. T., & Holladay, S. J., "The Negative Communication Dynamic: exploring the Impact of Stakeholder affect on Behavioral Intentions", *Journal of Communication Management*, Vol. 11, No. 4, 2007.

Coyle-Shapiro, J. A., & Conway, N., "Exchange Relationships: Examining Psychological Contracts and Perceived Organizational Support", *Journal of Applied Psychology*, Vol. 90, No. 4, 2005.

Crowley, A. E., & Hoyer, W. D., "An Integrative Framework for Understanding Two-sided Persuasion", *Journal of Consumer Research*, Vol. 20, No. 4, 1994.

Cui, G., Lui, H. K., & Guo, X., "The Effect of Online Consumer Reviews on New Product Sales", *International Journal of Electronic Commerce*, Vol. 17, No. 1, 2012.

Davis, E., Greenberger, E., Charles, S., Chen, C., Zhao, L., & Dong, Q., "Emotion Experience and Regulation in China and the United States: How do Culture and Gender Shape Emotion Responding?", *International Journal of Psychology*, Vol. 47, No. 3, 2012.

Day, R. L, "Modeling Choices Among Alternative Responses to Dissatisfaction", *Advances in Consumer Research*, Vol. 11, No. 4, 1984.

Deckop, J. R., Jurkiewicz, C. L., & Giacalone, R. A., "Effects of Materialism on Work-related Personal Well-being", *Human Relations*, Vol. 63, No. 7, 2010.

Dellarocas, C., & Narayan, R., "Tall heads vs. Long tails: Do Consumer Reviews Increase the Informational Inequality between Hit and Niche Products?", *Robert H. Smith School of Business Research Paper*, 2007 (06 – 056).

Desmond, L., & Dick, M, "The Effects of Locus of Control on Word-of-mouth

Communication", *Journal of Marketing Communications*, Vol. 11, No. 3, 2005.

Dhar, V., & Chang, E. A., "Does Chatter Matter? The Impact of User-generated Content on Music Sales", *Journal of Interactive Marketing*, Vol. 23, No. 4, 2009.

Dichter, E., "How Word-of-mouth Advertising Works", *Harvard business review*, Vol. 44, No. 6, 1966.

Diener, E., & Emmons, R. A, "The Independence of Positive and Negative affect", *Journal of Personality & Social Psychology*, Vol. 47, No. 5, 1984.

Dillard, J. P., & Peck, E., "Persuasion and the Structure of Affect", *Human Communication Research*, Vol. 27, No. 27, 2002.

Doh, S. J., & Hwang, J. S., "How Consumers Evaluate Ewom (electronic word-of-mouth) Messages", *Cyberpsychology Behavior & Social Networking*, Vol. 12, No. 2, 2009.

Dolen, W. V., Lemmink, J., Mattsson, J., & Rhoen, I., "Affective Consumer Responses in Service Encounters-The Emotional Content in Narratives of Critical Incidents", *Journal of Economic Psychology*, 2001.

Dubé, L., & Menon, K., "Multiple Roles of Consumption Emotions in Post-Purchase Satisfaction with Extended Service Transactions", *International Journal of Service Industry Management*, Vol. 11, No. 3, 2000.

East, R., Hammond, K., & Wright, M., "The Relative Incidence of Positive and Negative Word of Mouth: A Multi-category Study", *International Journal of Research in Marketing*, Vol. 24, No. 2, 2007.

Egan, V., "Positively Unpleasant: the Dark Triad, Happiness and Subjective Well-being", *Personality & Individual Differences*, Vol. 60 (Suppl), 2014, S16 – S17.

Elwalda, A., Lv, K., & Ali, M, "Perceived Derived Attributes of Online Customer Reviews", *Computers in Human Behavior*, Vol. 56, 2016.

Engel, J. F., Blackwell, R. D., & Miniard, P. W., *Consumer Behavior*, Dryden Press, 1993.

Esuli, A., & Sebastiani, F., "Determining the Semantic Orientation of Terms Through Gloss Analysis", *International Conference on Information and Knowledge Management*, 2005.

Fang, H., Zhang, J., Bao, Y., & Zhu, Q., "Towards Effective Online review Systems in the Chinese context: a Cross-cultural Empirical Study", *Electronic Commerce Research & Applications*, Vol. 12, No. 3, 2013.

Fernandes, D. V. D. H., & dos Santos, C. P., "The Antecedents of the Consumer Complaining Behavior (CCB)", *Advances in Consumer Research*, 2008.

Fishbein, M., "The Role of Theory in Hiv Prevention", *Aids Care*, Vol. 12, No. 3, 2000.

Fu, J. R., Ju, P. H., & Hsu, C. W., "Understanding Why Consumers Engage in Electronic Word-of-mouth Communication: Perspectives from Theory of Planned Behavior and Justice Theory", *Electronic Commerce Research & Applications*, Vol. 14, No. 6, 2015.

Gefen, D., & Straub, D. W., "Gender Differences in the Perception and Use of e-mail: an Extension to the Technology Acceptance model", *Mis Quarterly*, Vol. 21, No. 4, 1997.

Gelb, B., & Johnson, M., "Word-of-mouth Communication: Causes and Consequences", *Journal of Health Care Marketing*, Vol. 15, No. 3, 1995.

Gemmill, G. R., & Heisler, W. J., "Machiavellianism as a Factor in Managerial Job Strain, Job Satisfaction, and Upward Mobility", *Academy of *Management Journal*, Vol. 15, No. 1, 1972.

Godes, D., & Mayzlin, D, "Using Online Conversations to Study Word-of-mouth Communication", *Marketing Science*, Vol. 23, No. 4, 2004.

Goldshmidt, O. T., & Weller, L., " 'talking emotions': Gender Differences in a Variety of Conversational Contexts", *Symbolic Interaction*, Vol. 23, No. 2, 2000.

Granitz, N. A., & Ward, J. C., "Virtual Community: A Sociocognitive Analysis", *Advances in Consumer Research*, Vol. 23, No. 23, 1996.

Guinalíu, M., Casaló, L. V., & Flavián, C., "The Role of Satisfaction and Website Usability in Developing Customer Loyalty and Positive Word-of-mouth in the E-banking Services", *International Journal of Bank Marketing*, Vol. 26, No. 6, 2008.

Gunnthorsdottir, A., Mccabe, K., & Smith, V., "Using the Machiavellianism Instrument to Predict Trustworthiness in a Bargaining Game", *Journal of Economic Psychology*, Vol. 23, No. 1, 2002.

Hagenbuch, D. J., Wiese, M. D., Dose, J. J., & Bruce, M. L., "Understanding Satisfied and Affectively Committed Clients' Lack of Referral Intent", *Services Marketing Quarterly*, Vol. 29, No. 3, 2008.

Hagger, M. S., & Chatzisarantis, N. L. D., "Self-identity and the Theory of Planned Behaviour: Between-and Within-participants Analyses", *Journal of Social Psychology*, Vol. 45, No. 4, 2006.

Hair, J. F., Black, W. C., Babin, B. J., Anderson, R. E., & Tatham, R. L., *Multivariate Data Analysis*, *Pearson Prentice Hall*, Upper Saddle River, NJ, 2006.

Hankin, L., *The Effects of User Reviews on Online Purchasing Behavior Across Multiple Product Categories*, California: University of California, 2007.

Hansen, H., Samuelsen, B. M., & Andreassen, T. W., "Trying to

Complain: the Impact of Self-referencing on Complaining Intentions", *International Ijc*, Vol. 35, No. 4, 2011.

Hartline, M. D., & Jones, K. C., "Employee Performance Cues in a Hotel Service Environment: Influence on Perceived Service Quality, Value, and Word-of-mouth Intentions", *Journal of Business Research*, Vol. 35, No. 3, 1996.

Hayes, A. F., & Preacher, K. J., "Statistical Mediation Analysis with a Multicategorical Independent Variable", *British Journal of Mathematical & Statistical Psychology*, Vol. 67, No. 3, 2014.

Hennig-Thurau, T., Gwinner, K. P., Walsh, G., & Gremler, D. D., "Electronic Word-of-mouth via Consumer-opinion Platforms: What Motivates Consumers to Articulate Themselves on the Lnternet?", *Journal of Interactive Marketing*, Vol. 18, No. 1, 2004.

Hernandez, M., & Fugate, D. L., "Post purchase Behavioral Intentions: an Empirical Study of Dissatisfied Retail Consumers in Mexico", *Journal of Consumer Satisfaction Dissatisfaction & Complaining Behavior*, Vol. 17, 2004.

Hooley, J. M., & Campbell, C., "Control and Controllability: Beliefs and Behaviour in High and Low Expressed Emotion Relatives", *Psychological Medicine*, Vol. 32, No. 6, 2002.

Hu, N., Liu, L., & Zhang, J. J., "Do Online Reviews Affect product Sales? The Role of Reviewer Characteristics and Temporal Effects", *Information Technology and Management*, Vol. 9, No. 3, 2008.

Hu, Zhang, N., Pavlou, J., & Paul, A., "Overcoming the J-shaped Distribution of Product Reviews", *Communications of the Acm*, Vol. 52, No. 10, 2009.

Hunt, H. K., "CS/D-overview and Future Research Directions", *Concep-*

tualization and Measurement of Consumer Satisfaction and Dissatisfaction, 1997.

Hunt, S. D., & Chonko, L. B., "Marketing and Machiavellianism", *Journal of Marketing*, Vol. 48, No. 3, 1984.

Jang, S. C., & Namkung, Y., "Perceived Quality, Emotions, and Behavioral Intentions: Application of an Extended Mehrabian-russell Model to Restaurants", *Journal of Business Research*, Vol. 62, No. 4, 2009.

Join, A. C. R., Grants, A. C. R., & Listserv, A. C. R., "The Role of Evolvement and Opinion Leadership in Consumer Word-of-mouth: An Implicit Model Made Explicit", *Advances in Consumer Research*, Vol. 15, 1988.

Kang, H., Yoo, S. J., & Han, D., "Accessing Positive and Negative Online Opinions", In Universal Access in Human-Computer Interaction, *Applications and Services*, Springer Berlin Heidelberg, 2009.

Kaplan, K. J., "On the Ambivalence-indifference Problem in Attitude Theory and Measurement: a Suggested Modification of the Semantic Differential Technique", *Psychological Bulletin*, Vol. 77, No. 5, 1972.

Karlgren, J., & Cutting, D., "Recognizing Text Genres with Simple Metrics Using Discriminant Analysis", arxiv prepront cmplg/9410008, 1994.

Kasser, T., & Ryan, R. M., "Further Examining the American Dream: Differential Correlates of Intrinsic and Extrinsic Goals", *Personality & Social Psychology Bulletin*, Vol. 22, No. 3, 1996.

Keenan, A., & Valerie, C., "Machiavellianism and Attitudes Towards the Police", *Journal of Occupational Psychology*, Vol. 50, No. 1, 1997.

Kilbourne, W., & Weeks, S., "A Socio-economic Perspective on Gender Bias in Technology", *Journal of Socio-Economics*, Vol. 26, No. 3, 1997.

Kim, K., Reicks, M., & Sjoberg, S., "Applying the Theory of Planned Behavior to Predict Dairy Product Consumption by Older Adults", *Journal of*

Nutrition Education & Behavior, Vol. 35, No. 6, 2003.

Kim, N., & Ulgado, F., "Motivational Orientation for Word-of-mouth and Its Relationship with Wom Messages", *Journal of Global Scholars of Marketing Science Bridging Asia & the World*, Vol. 24, No. 2, 2014.

Kim, S. M., & Hovy, E., "Determining the Sentiment of Opinions", In: Proceedings of the of the 20th international conference on Computational Linguistics (COLING), 2004.

Kotler, P., *Marketing Management* (7th ed), Englewood Cliflfe, New Jersey: *Prentice Hall*, 1991.

Kozinets, R. V., Sherry, J. F., Deberry-Spence, B., Duhachek, A., Nuttavuthisit, K., & Storm, D., "Themed Flagship Brand Stores in the New millennium-theory, Practice, Prospects", *Journal of Retailing*, Vol. 78, No. 1, 2002.

Kronrod, A., & Danziger, S., "'Wii Will Rock You!' the Use and Effect of Figurative Language in Consumer Reviews of Hedonic and Utilitarian Consumption", *Journal of Consumer Research*, Vol. 40, No. 4, 2014.

Ku, Y. C., Wei, C. P., & Hsiao, H. W., "To Whom Should I listen? Finding Reputable Reviewers in Opinion-sharing Communities", *Decision Support Systems*, Vol. 53, No. 3, 2012.

Kwan, B. M., & Bryan, A. D., "Affective Response to Exercise as a Component of Exercise Motivation: Attitudes, Norms, Self-efficacy, and Temporal Stability of Intentions", *Psychology of Sport & Exercise*, Vol. 11, No. 1, 2010.

Kwan, V. S., John, O. P., Kenny, D. A., Bond, M. H., & Robins, R. W., "Reconceptualizing Individual Differences in Self-enhancement Bias: an Interpersonal Approach", *Psychological Review*, Vol. 111, No. 1, 2004.

Lazarus, R. S., "The Cognition-emotion Debate: A Bit of History", *Handbook of Cognition and Emotion, Vol. 5, No. 6, 1999.

Lee, G., & Lin, H., "Customer Perceptions of E-service Quality in Online Shopping", International Journal of Retail & Distribution Management, Vol. 33, No. 2, 2012.

Lee, J., & Shrum, L. J., "Conspicuous Consumption versus Charitable Behavior in Response to Social Exclusion: A Differential Needs Explanation", Journal of Consumer Research, Vol. 39, No. 3, 2012.

Lee, Y. C., & Wu, W. L., "Effects of Medical Disputes on Internet Communications of Negative Emotions and Negative Online Word-of-mouth", Psychological Reports, Vol. 117, No. 1, 2015.

Li, X., & Hitt, L. M., "Self selection and Information Role of Online Product Reviews", Information Systems Research, Vol. 19, No. 4, 2008.

Liao, C., Chen, J. L., & Yen, D. C., "Theory of Planning Behavior (tpb) and Customer Satisfaction in the Continued use of E-service: an Integrated Model", Computers in Human Behavior, Vol. 23, No. 6, 2007.

Litvin, S. W., Goldsmith, R. E., & Pan, B., "Electronic Word-of-mouth in Hospitality and Tourism Management", Tourism management, Vol. 29, No. 3, 2008.

Liu, Y., "Word of Mouth for Movies: Its Dynamics and Impact on Box oOfice Revenue", Journal of Marketing, Vol. 70, No. 3, 2006.

Magai, C., Consedine, N. S., Fiori, K. L., & King, A. R., "Sharing the good, sharing the bad: the Benefits of Emotional Self-disclosure Among Middle-aged and Older Adults", Journal of Aging & Health, Vol. 12, No. 2, 2009.

Mangold, W. G., Miller, F., & Brockway, G. R., "Word-of-mouth Communication in the Service Marketplace", Journal of Services Marketing, Vol. 13, No. 1, 1999.

Matzler, K., Bidmon, S., & Grabnerkräuter, S., "Individual Determinants of Brand Affect: the Role of the Personality Traits of Extraversion and Openness to Experience", *Journal of Product & Brand Management*, Vol. 15, No. 7, 2006.

Matzler, K., Renzl, B., Mooradian, T., von Krogh, G., & Mueller, J., "Personality Traits, Affective Commitment, Documentation of Knowledge, and Knowledge Sharing", *The International Journal of Human Resource Management*, Vol. 22, No. 2, 2011.

Mazzarol, T., Sweeney, J. C., & Soutar, G. N., "Conceptualizing Word-of-mouth Activity, Triggers and Conditions: an Exploratory Study", *European Journal of Marketing*, Vol. 41, No. 11, 2007.

Mcdougall, W., "Belief as a Derived Emotion", *Psychological Review*, Vol. 28, No. 5, 1921.

McIlwain, D., "Bypassing Empathy: A Machiavellian Theory of Mind and Sneaky Power", Psychology Press, 2003.

Merchant, K. A., & van der Stede, W. A, *Management Control Systems: Performance Measurement, Evaluation and Incentives*, Pearson Education, 2007.

Meyers-Levy, J., & Maheswaran, D., *Message Framing Effects on Product Judgments*, Advances in Consumer Research, 1990.

Moe, W. W., & Schweidel, D. A., "Online Product Opinions: Incidence, Evaluation and Evolution", *Marketing Science*, Vol. 31, No. 3, 2011.

Moe, W. W., & Trusov, M., "The Value of Social Dynamics in Online Product Ratings Forums", *Journal of Marketing Research*, Vol. 48, No. 3, 2011.

Mudambi, S. M., & Schuff, D., "What Makes a Helpful Review? A Study of Customer Reviews on Amazon. Com", *MIS Quarterly*, Vol. 34, No. 1, 2010.

Nasukawa, T., & Yi, J., "Sentiment Analysis: Capturing Favorability Using Natural Language Processing", In Proceedings of the 2nd international conference on Knowledge capture, 2003.

Newman Jr, P. J., *An Investigation of Consumer Reactions to Negative Word-of-mouth on the Internet*, Doctoral Dissertation, University of Illinois at Urbana-Champaign, 2003.

Nguyen, C., & Romaniuk, J., "Pass It On: A Framework for Classifying the Content of Word of Mouth", *Australasian Marketing Journal (AMJ)*, Vol. 22, No. 2, 2014.

Nyer, P. U., "A Study of the Relationships between Cognitive Appraisals and Consumption Emotions", *Journal of the Academy of Marketing Science*, Vol. 25, No. 4, 1997.

Oliver, R. L., & Desarbo, W. S., "Response Determinants in Satisfaction Judgments", *Journal of Consumer Research*, Vol. 14, No. 4, 1988.

Oliver, R. L., & Swan, J. E., "Equity and Disconfirmation Perceptions as Influences on Merchant and Product Satisfaction", *Journal of Consumer Research*, Vol. 16, No. 3, 1989.

Oliver, R. L., *Emotional Expression in the Satisfaction Response*, In Satisfaction: A Behavioral Perspective on the Consumer, Boston: Irwin, 1997.

Oliver, R. L., *Satisfaction: A Behavioral Perspective on the Consumer*, New York: Irwin., 1997.

Oliver, R. L., "A cognitive Model of the Antecedents and Consequences of Satisfaction Decisions", *Journal of Marketing Research*, 1980.

Oliver, R. L., "Customer Satisfaction with Service", In: Teresa A. Swartz, and Dwan Iaeobucci, eds., *Handbook of Service Marketing and Management*, Thousand Oaks, CA: Sage Publications, 2000.

Otero-López, J. M., & Villardefrancos, E., "Materialism and Addictive Buying in Women: the Mediating Role of Anxiety and Depression", *Psychological Reports*, Vol. 113, No. 113, 2013.

Pang, B., Lee, L., & Vaithyanathan, S., "Thumbs up? Sentiment Classification Using Machine Learning Techniques", In Proceedings of the ACL-02 conference on Empirical methods in natural language processing, 2002.

Park, D. H., & Lee, J., "eWOM Overload and Its effect on Consumer Behavioral Intention Depending on Consumer Involvement", *Electronic Commerce Research & Applications*, Vol. 7, No. 4, 2009.

Park, D. H., & Han, I., "The Effect of On-line Consumer Reviews on Consumer Purchasing Intention: the Moderating Role of Involvement", *International Journal of Electronic Commerce*, Vol. 11, No. 4, 2007.

Park, D. H., & Kim, S., "The Effects of Consumer Knowledge on Message Processing of Electronic Word-of-mouth Via online Consumer Reviews", *Electronic Commerce Research and Applications*, Vol. 7, No. 4, 2008.

Paulus, M. P., & Yu, A. J., "Emotion and Decision-making: Affect-driven Belief Systems in Anxiety and Depression", *Trends in Cognitive Sciences*, Vol. 16, No. 16, 2012.

Phillips, D. M., & Baumgartner, H., "The Role of Consumption Emotions in the Satisfaction Response", *Journal of Consumer Psychology*, Vol. 12, No. 3, 2002.

Plutchik, R., "Emotions, Evolution, and Adaptive Processes", In M. B. Arnold (Ed.), *Feelings and Emotions*, New York: Academic Press, 1970.

Price, L. L., "Everyday Market Helping Behavior", *Journal of Public Policy & Marketing*, Vol. 14, No. 2, 1995.

Ranaweera, C., & Prabhu, J., "On the Relative Importance of Customer

Satisfaction and Trust as Determinants of Customer Retention and Positive Word of Mouth", *Journal of Targeting Measurement & Analysis for Marketing*, Vol. 12, No. 1, 2003.

Resnick, P., Kuwabara, K., Zeckhauser, R., & Friedman, E., "Reputation Systems: Facilitating Trust in the Internet Interactions", *Communications of the ACM*, Vol. 43, No. 12, 2000.

Rhodes, R., Courneya, K. S., & Jones, L. W., "Personality, the Theory of Planned Behavior, and Exercise: a Unique Role for Extroversion's activity facet", *Journal of Applied Social Psychology*, Vol. 32, No. 8, 2006.

Rhodes, R. E., & Courneya, K. S., "Relationships between Personality, an Extended Theory of Planned Behaviour Model and Exercise Behaviour", *British Journal of Health Psychology*, Vol. 8, No. 1, 2003.

Richins, M., "The positive and Negative Consequences of Materialism: What are They and When do They Occur?", *Advances in Consumer Research*, Vol. 31, 2004.

Richins, M. L., & Dawson, S., "A Consumer Values Orientation for Materialism and Its measurement: Scale Development and Validation", *Journal of Consumer Research*, Vol. 19, No. 3, 1992.

Richins, M. L., "Measuring Emotions in the Consumption Experience", *Journal of Consumer Research*, Vol. 24, No. 2, 1997.

Richins, M. L., "Negative Word-of-mouth by Dissatisfied Consumers: A Pilot Study", *The Journal of Marketing*, 1983.

Richins, M. L., "When Wanting is Better Than Having: Materialism, Transformation Expectations, and Product-evoked Emotions in the Purchase Process", *Journal of Consumer Research*, Vol. 40, No. 1, 2013.

Riivits, I., Consumer Online Word-of-mouth-analysis Through an Experience Pyramid Model, *Arkonsuo*, 2013.

Rimé, B., "More on the Social Sharing of Emotion: in Defense of the Individual, of Culture, of Private Disclosure, and in Rebuttal of an Old Couple of Ghosts Known as 'Cognition and Emotion'", *Emotion Review*, Vol. 1, No. 1, 2009.

Robert, "Complaining as Planned Behavior", *Psychology & Marketing*, Vol. 17, No. 17, 2000.

Roncancio, A. M., Ward, K. K., & Fernandez, M. E., "Understanding Cervical Cancer Screening Intentions Among Latinas Using an Expanded Theory of Planned Behavior Model", *Behavioral Medicine*, Vol. 39, No. 3, 2013.

Roseman, I. J., Wiest, C., & Swartz, T. S., "Phenomenology, Behaviors, and Goals Differentiate Discrete Emotions", *Journal of Personality & Social Psychology*, Vol. 67, No. 2, 1994.

Rueckert, L., Branch, B., & Doan, T., "Are Gender Differences in Empathy Due to Differences in Emotional Reactivity?", *Psychology*, Vol. 2, No. 6, 2011.

Russell, J. A., "Affective Space is Bipolar", *Journal of Personality & Social Psychology*, Vol. 37, No. 37, 1979.

Russell, J. A., "Circumplex Model of Affect", *Journal of Personality & Social Psychology*, Vol. 39, No. 6, 1980.

Sakalaki, M., *Richardson*, C., & Thépaut, Y., "Machiavellianism and Economic Opportunism", *Journal of Applied Social Psychology*, Vol. 37, No. 6, 2007.

Sari, R. P., & Phau, I., "Engaging in Complaint Behaviour: an Indonesian Perspective", *Marketing Intelligence & Planning*, Vol. 22, No. 4, 2004.

Schindler, R. M., & Bickart, B., "Perceived Helpfulness of Online Consumer Reviews: the Role of Message Content and Style", *Journal of Consumer Behaviour*, Vol. 11, No. 3, 2012.

Schindler, R. M., & Bickart, B., "Published Word of Mouth: Referable, Consumer-generated Information on the Lnternet", *Online Consumer Psychology: Understanding and Influencing Consumer Behavior in the Virtual World*, 2005 (1).

Schlosser, A. E., "Can Including Pros and Cons Increase the Helpfulness and Persuasiveness of Online Reviews? The Interactive Effects of Ratings and Arguments", *Journal of Consumer Psychology*, Vol. 21, No. 3, 2011.

Schlosser, A. E., "Posting Versus Lurking: Communicating in a Multiple Audience Context", *Journal of Consumer Research*, Vol. 32, No. 2, 2005.

Sicilia, M., Delgado-Ballester, E., & Palazon, M., "The Need to Belong and Self-disclosure in Positive Word-of-mouth Behaviours: the Moderating Effect of Self-brand Connection", *Journal of Consumer Behaviour*, Vol. 15, 2015.

Singh, J., & Wilkes, R. E., "When Consumers Complain: a Path Analysis of the Key Antecedents of Consumer Complaint", *Journal of the Academy of Marketing Science*, Vol. 24, No. 4, 1996.

Sinha, J., & Wang, J., "How Time Horizon Perceptions and Relationship Deficits Affect Impulsive Consumption", *Journal of Marketing Research*, Vol. 50, No. 5, 2013.

Sirgy, M. J., Gurel-Atay, E., Webb, D., Cicic, M., Husic-Mehmedovic, M., Ekici, A., Hermann, A., Hegazy, I., Lee, D. J., & Johar, J. S., "Is Materialism All That Bad? Effects on Satisfaction with Material Life, Life Satisfaction, and Economic Motivation", *Social Indicators Research*, Vol. 110, No. 1, 2011.

Smith, A. N., Fischer, E., & Chen, Y., "How Does Brand-related User-generated Content Differ Across Youtube, Facebook, and Twitter?", *Journal of Interactive Marketing*, Vol. 26, No. 2, 2012.

Smith, J. R., Terry, D. J., Manstead, A. S. R., Louis, W. R., Kotterman, D., & Wolfs, J., "Interaction Effects in the Theory of Planned Behavior: the Interplay of Self-identity and Past Behavior", *Journal of Applied Social Psychology*, Vol. 37, No. 11, 2007.

Sonnier, G. P., McAlister, L., & Rutz, O. J., "A Dynamic Model of the Effect of Online Communications on Firm Sales", *Marketing Science*, Vol. 30, No. 4, 2011.

Stern, P. C., "Toward a Coherent Theory of Environmentally Significant Behavior", *Journal of Social Issues*, Vol. 56, No. 3, 2000.

Strahan, R., & Strahan, C., "On the Nature of the Marlowe-crowne Social Desirability Variable", *Proceedings of the Annual Convention of the American Psychological Association*, 1972.

Sundaram, D. S., Mitra, K., & Webster, C., "Word-of-Mouth Communications: A Motivational Analysis", *Advances in Consumer Research*, Vol. 25, No. 1, 1998.

Sweeney, J. C., Soutar, G. N., & Mazzarol, T., "The Difference Between Positive and Negative Word-of-mouth—emotion as a Differentiator", *In Proceedings of the ANZMAC 2005 Conference: Broadening the Boundaries*, 1998.

Sweeney, J. C., Soutar, G. N., & Mazzarol, T., "Word of Mouth: Measuring the Power of Individual Messages", *European Journal of Marketing*, Vol. 46, No. 1/2, 2012.

Syrina, A. A., Arnaud, C., Carole, F. H., Jean-Yves, B., & Chrystel, B. R., "What is the emotional Core of the Multidimensional Machiavellian Personality Trait?", *Frontiers in Psychology*, Vol. 4, No. 2, 2013.

Szymanski, D. M., & Henard, D. H., "Customer Satisfaction: a Meta-analysis of the Empirical Evidence", *Journal of the Academy of Marketing Science*, Vol. 29, No. 1, 2001.

Tang, T., Fang, E., & Wang, F., "Is Neutral Really Neutral? the Effects of Neutral User-generated Content on Product Sales", *Journal of Marketing*, Vol. 78, No. 4, 2014.

Tanimoto, J., & Fujii, H., "A Study on Diffusional Characteristics of Information on a Human Network Analyzed by a Multi-agent Simulator", *Social Science Journal*, Vol. 40, No. 3, 2003.

Tannen, D., "The Power of Talk: Who Gets Heard and Why", *Harvard Business Review*, Vol. 73, No. 5, 1995.

Taylor, D. G., Lewin, J. E., & Strutton, D., "Friends, Fans, and Followers: Do Ads Work on Social Networks?", *Journal of Advertising Research*, Vol. 51, No. 1, 2011.

Taylor, S. E., Klein, L. C., Lewis, B. P., Gruenewald, T. L., Gurung, R. A., & Updegraff, J. A., "Biobehavioral Responses to Stress in Females: Tend-and-befriend, not Fight-or-flight", *Psychological review*, Vol. 107, No. 3, 2000.

Thomson, M., "Human Brands: Investigating Antecedents to Consumers' Strong Attachments to Celebrities", *Journal of Marketing*, Vol. 70, No. 3, 2006.

Thornton, J. R., "Ambivalent or Indifferent? Examining the Validity of an Objective Measure of Partisan Ambivalence", *Political Psychology*, Vol. 32, No. 5, 2011.

Thorson, K. S., & Rodgers, S., "Relationships between Blogs as eWOM and Interactivity, Perceived Onteractivity, and Parasocial Interaction", *Journal of Interactive Advertising*, Vol. 6, No. 2, 2006.

Tirunillai, S., & Tellis, G. J., "Does Chatter Really Matter? Dynamics of user-generated Content and Stock Performance", *Marketing Science*, Vol. 31, No. 2, 2012.

Tomarken, A. J., Davidson, R. J., Wheeler, R. E., & Doss, R. C., "Individual Differences in Anterior Brain Asymmetry and Fundamental Dimensions of Emotion", *Journal of Personality & Social Psychology*, Vol. 62, No. 4, 1992.

Tomokiyo, L. M., & Jones, R., "You're not from'round Here, are you? naive Bayes detection of non-native utterance text", In Proceedings of the second meeting of the North American Chapter of the Association for Computational Linguistics, 2001.

Trusov, M., Bucklin, R. E., & Pauwels, K., "Estimating the Dynamic Effects of Online Word-of-mouth on Member Growth of a Social Network site", *Journal of Marketing*, Vol. 73, No. 5, 2009.

Tsai, J. L., "Ideal Affect: Cultural Causes and Behavioral Consequences", *Perspectives on Psychological Science*, Vol. 2, No. 3, 2007.

Tsang, A. S. L., & Prendergast, G., "Is a 'star' worth a Thousand Words? the Interplay between Product-review Texts and Rating Valences", *European Journal of Marketing*, Vol. 43, No. 11/12, 2009.

Tuten, T. L., & Bosnjak, M., "Understanding Differences in Web Usage: The Role of Need for Cognition and the Five Factor Model of Personality", *Social Behavior and Personality: an international journal*, Vol. 29, No. 4, 2001.

Twenge, J. M., Catanese, K. R., & Baumeister, R. F., "Social Exclusion and the Deconstructed State: Time Perception, Meaninglessness, Lethargy, Lack of Emotion, and Self-Awareness", *Journal of Personality & Social Psychology*, Vol. 85, No. 3, 2003.

Valck, K. D., Bruggen, G. H. V., & Wierenga, B., "Virtual Communities:

a Marketing Perspective", *Decision Support Systems*, Vol. 47, No. 3, 2009.

Verhagen, T., Nauta, A., & Feldberg, F., "Negative Online Word-of-mouth: Behavioral Indicator or Emotional Release?", *Computers in Human Behavior*, Vol. 29, No. 4, 2013.

Walsh, G., Gwinner, K. P., & Swanson, S. R., "What Makes Mavens tick? Exploring the Motives of Market Mavens' Initiation of Information Diffusion", *Journal of Consumer Marketing*, Vol. 21, No. 2, 2004.

Wang, C. C., & Yang, Y. J., "Personality and Intention to Share Knowledge: An Empirical Study of Scientists in an R & D Laboratory", *Social Behavior and Personality*, Vol. 35, No. 10, 2007.

Wang, J., & Wallendorf, M., "Materialism, Status Signaling, and Product Satisfaction", *Journal of the Academy of Marketing Science*, Vol. 34, No. 4, 2006.

Wangenheim, F. V., & Bayón, T., "The Chain From Customer Satisfaction via Word-of-mouth Referrals to New Customer Acquisition", *Journal of the Academy of Marketing Science*, Vol. 35, No. 2, 2007.

Ward, J. C., & Ostrom, A. L., "Complaining to the Masses: the Role of Protest Framing in Customer-created Complaint Web Sites", *Journal of Consumer Research*, 2006.

Watson, D., & Tellegen, A., "Toward a Consensual Structure of Mood", *Psychological Bulletin*, Vol. 98, No. 2, 1985.

Weiser, E. B., "Gender Differences in Internet Use Patterns and Internet Application Preferences: a Two-sample Comparison", *Cyberpsychology & Behavior*, Vol. 3, No. 2, 2000.

West, S. G., Finch, J. F., & Curran, P. J., "Structural Equation Models with Nonnormal Variables: Problems and Remedies", *Structural Equa-

tion Modeling Concepts Issues & Applications, Sage Publications. Inc, 1995.

Westbrook, R. A. , & Oliver, R. L. , "The Dimensionality of Consumption Emotion Patterns and Consumer Satisfaction", *Journal of Consumer*, Vol. 18, No. 1, 1991.

Westbrook, R. A. , "Product/consumption-based Affective Responses and Post-purchase Processes", *Journal of Marketing research*, 1987.

Wetzer, I. M. , Zeelenberg, M. , & Pieters, R. , " 'Never Eat in that Restaurant, i did!': Exploring Why People Engage in Negative Word-of-mouth Communication", *Psychology & Marketing*, Vol. 24, No. 8, 2007.

White, C. , & Yu, Y. , "Satisfaction Emotions and Consumer Behavioral Intentions", *Journal of Services Marketing*, Vol. 19, No. 6, 2005.

Wirtz, J. , & Chew, P. , "The Effects of Incentives, Deal Proneness, Satisfaction and Tie Strength on Word-of-mouth Behaviour", *International Journal of Service Industry Management*, Vol. 13, No. 2, 2002.

Wirtz, J. , & Kum, D. , "Consumer Cheating on Service Guarantees", *Journal of the Academy of Marketing Science*, Vol. 32, No. 2, 2004.

Woszczynski, A. B. , Roth, P. L. , & Segars, A. H. , "Exploring the Theoretical Foundations of Playfulness in Computer Interactions", *Computers in Human Behavior*, Vol. 18, No. 4, 2002.

Wright, N. D. , & Larsen, V. , "Materialism and Life Satisfaction: a Meta-analysis", *Journal of Consumer Satisfaction, Dissatisfaction, and Complaining Behavior*, Vol. 6, No. 1, 1993.

Wu, J. , Wu, Y. , Sun, J. , & Yang, Z. , "User Reviews and Uncertainty Assessment: a Two Stage Model of Consumers' Willingness-to-pay in Online Markets", *Decision Support Systems*, Vol. 55, No. 1, 2013.

Xu, Q. , "Should I Trust Him? The Effects of Reviewer Profile Characteristics on eWOM Credibility", *Computers in Human Behavior*, Vol. 33,

No. 2, 2014.

Yap, K. B., Soetarto, B., & Sweeney, J. C., "The Relationship between Electronic Word-of-mouth Motivations and Message Characteristics: the Sender's Perspective", *Australasian Marketing Journal*, Vol. 21, No. 1, 2013.

Yeh, Y. H., & Choi, S. M., "MINI-lovers, Maxi-mouths: An Investigation of Antecedents to eWOM Intention Among Brand Community Members", *Journal of Marketing Communications*, Vol. 17, No. 3, 2011.

Yi, J., Nasukawa, T., Bunescu, R., & Niblack, W., "Sentiment Analyzer: Extracting Sentiments about a Given Topic Using Natural Language Processing Techniques", *Third IEEE International Conference on Data Mining, sponsored by IEEE*, 2003.

Yoo, K. H., & Gretzel, U., "Influence of Personality on Travel-related Consumer-generated Media Creation", *Computers in Human Behavior*, Vol. 27, No. 2, 2013.

Zanna, M. P., & Rempel, J. K., "Attitudes: A New Look at an Old Concept", *The Social Psychology of Knowledge*, Vol. D, No. 2, 1988.

Zeb, A., *The dynamics of online WOM Content and Product Sales for Movies*, Korea Advanced Institute of Scienceand Technology, 2013.

Zeelenberg, M., & Pieters, R., "Beyond Valence in Customer Dissatisfaction: a Review and New Findings on Behavioral Responses to Regret and Disappointment in Failed Services", *Journal of Business Research*, Vol. 57, No. 4, 2004.

Zhang, K. Z. K., Cheung, C. M. K., & Lee, M. K. O., "Examining the Moderating Effect of Inconsistent Reviews and Its Gender Differences on Consumers' Oline Shopping Decision", *International Journal of Information Management*, Vol. 34, No. 2, 2014.

Zhang, Z. , Ye, Q. , Law, R. , & Li, Y. , "The Impact of E-word-of-mouth on the Online Popularity of Restaurants: a Comparison of Consumer reviews and Editor Reviews", *International Journal of Hospitality Management*, Vol. 29, No. 4, 2010.